CHOOSE LIFE

삶을 선택하라

성육신과 부활에 관한 설교

이 도서의 국립중앙도서관 출판예정도서목록(CIP)은
서지정보유통지원시스템 홈페이지(http://seoji.nl.go.kr)와
국가자료공동목록시스템(http://www.nl.go.kr/kolisnet)에서
이용하실 수 있습니다. (CIP제어번호 : 2017033825)

Copyright ⓒ Rowan Williams 2013
Originally published in English as
CHOOSE LIFE : CHRISTMAS AND EASTER SERMONS
by Bloomsbury Publishing Plc
50 Bedford Square, London WC1B 3DP, England
All rights reserved
This Korean translation edition copyright ⓒ 2017
by Time Education, Inc., Seoul, Republic of Korea
This Korean edition is published by arrangement of
Bloomsbury Publishing Plc
through rMaeng2, Seoul, Republic of Korea

이 한국어판의 저작권은 알맹2 에이전시를 통해
Bloomsbury Publishing Plc와 독점 계약한 (주)타임교육에 있습니다.
신 저작권법에 의해 한국 내에서 보호를 받는 저작물이므로 무단전재와 복제를 금합니다.

CHOOSE LIFE

삶을 선택하라

성육신과 부활에 관한 설교

로완 윌리엄스 지음

민경찬·손승우 옮김

비아

| 차례 |

서문 / 9

1부 성육신에 관하여

01. 단순함의 나라 / 13

02. '두려워하지 마라!' / 25

03. '우리는 모두
    그의 충만함에서 선물을 받았습니다' / 39

04. 하느님의 생명을 품은 이야기 / 49

05. 가장 가난한 이에게 가장 좋은 것을 / 59

06. 하늘과 땅의 결혼식 / 71

07. 세상의 구원자들,
    죽을 수밖에 없는 메시아들 / 83

08. 의존에 관하여 / 93

09. 위대하다 당신의 신실함 / 105

10. 생명의 말씀, 기도의 말 / 115

2부 부활에 관하여

01. 내려놓기 / 127

02. 빛 속으로 / 139

03. 지금 여기에 / 147

04. 죽음의 부정 / 157

05. 삶을 선택하라 / 167

06. 자유케 하는 진리 / 179

07. 승리가 죽음을 삼키리라 / 189

08. 숨겨진 영광의 씨앗 / 201

09. 생명의 신호를 보이라 / 213

10. 행복과 기쁨 / 225

11. 그것이 진리입니까? / 235

일러두기

1. 이 책에 실린 스물 한 편의 글은 2002~2012년에 행한 다음의 설교들을 바탕으로 한 것입니다. http://rowanwilliams.archbishopofcanterbury.org에 방문하시면 실제 설교 원고를 보실 수 있습니다.

1부 성육신에 관하여
- 단순함의 나라, 2002년 성탄절 방송 설교
- '두려워하지 마라!', 2003년 성탄절 설교
- '우리는 모두 그의 충만함에서 선물을 받았습니다', 2004년 성탄절 설교
- 하느님의 생명을 품은 이야기, 2005년 성탄절 설교
- 가장 가난한 이에게 가장 좋은 것을, 2006년 성탄절 설교
- 하늘과 땅의 결혼식, 2007년 성탄절 설교
- 세상의 구원자들, 죽을 수밖에 없는 메시아들, 2008년 성탄절 설교
- 의존에 관하여, 2009년 성탄절 설교
- 위대하다 당신의 신실함, 2010년 성탄절 설교
- 생명의 말씀, 기도의 말, 2011년 성탄절 설교

2부 부활에 관하여
- 내려놓기, 2003년 부활절 설교
- 빛 속으로, 2004년 부활절 아침 방송 설교
- 지금 여기에, 2004년 부활절 설교
- 죽음의 부정, 2005년 부활절 설교
- 삶을 선택하라, 2006년 부활절 설교
- 자유케 하는 진리, 2007년 부활절 설교
- 승리가 죽음을 삼키리라, 2008년 부활절 설교
- 숨겨진 영광의 씨앗, 2009년 부활절 설교
- 생명의 신호를 보이라, 2010년 부활절 설교
- 행복과 기쁨, 2011년 부활절 설교
- 그것이 진리입니까?, 2012년 부활절 설교

2. 역자 주석의 경우 *표시를 해 두었습니다.

3. 성서 표기와 인용은 원칙적으로 『공동번역개정판』(1999)을 따르되 원문과 지나치게 차이가 날 경우에는 대한성서공회판 『새번역』(2001)을 따랐음을 밝힙니다.

4. 단행본 서적의 경우 『 』 표기를, 논문이나 글, 예술 작품의 경우 「 」 표기를 사용했습니다.

우리는 오직 예수 그리스도를 통해 하느님을 알 수 있습니다.
우리는 오직 예수 그리스도를 통해 우리 자신을 알 수 있습니다.
예수 그리스도 밖에서는 우리의 삶도, 우리의 죽음도,
하느님도, 우리 자신도 알 수 없습니다.

- 블레즈 파스칼, 『팡세』 中

| 서문 |

　부활절과 성탄절은 그리스도교인에게 삶의 의미를 분명하게 밝혀 주는 날입니다. 부활은 하느님과 인류에 대해 어떻게 말할지, 어떻게 생각할지, 둘을 어떻게 연관 지을지, 이에 관한 모든 생각의 풍경을 바꾸어 놓는 사건입니다. 성탄절은 이 부활을 가능케 한, 하느님과 인류의 신비롭고도 유일무이한 결속을 기념합니다. 모든 그리스도교 교리, 모든 그리스도교인의 헌신은 이 두 사건, 곧 예수의 부활 사건과 영원한 하느님의 말씀이 살과 피를 입고 태어난 사건을 바탕으로 펼쳐집니다.

　두 축일은 모든 설교자에게 커다란 도전입니다. 성육신 사건과 부활 사건에 관한 이야기들과 교리들을 우리는 어느 정도 알고 있습니다. 그러나 온 인류의 역사를 전환케 한 이 사건들을 과연 충분히 말할 수 있을까요? 2,000년 동안 그리스도교인들에게 지성과 상상력이라는 최고의 선물을 선사한 이 사건들을 어떻게 생동감 있게 전할 수 있을까요? 독실한 그리스도교인뿐만 아니라 더 광범위한 청중에게 이를 어떻게 선포할 수 있을까요? 이 세계를 변화시켜 나가는 저 신비로운 사건들과 각자의 삶의 자리에서 시시각각 겪는 문제들, 공적 세계에 엄습하는 위기들을 어떻게 연결해야 할까요?

  이 책에 담긴 설교들에서 저는 이처럼 다른 이해를 가진 여러 세계에 다리를 놓으려 노력했습니다. 하지만 종교적 색채를 슬쩍 입혀 현대 시류를 논평하지는 않으려 했습니다. 다른 무엇보다 저는 두 축일이 성서에 기록되었으며 신조들에 반영된 이야기, 즉 나자렛 예수라는 특정한 인간 안에서, 그리고 그를 통해 살아계신 하느님께서 하신 일들을 기억하는 날이라는 점을 잊지 않으려 애썼습니다. 이러한 노력이 얼마나 성과를 거두었는지는 차치하더라도 말입니다. 저는 사목 활동을 통해, 신조들로 표현된 그리스도교의 가르침이 인간 경험, 정치, 경제의 복잡함, 남성과 여성에게 고통을 안겨다 주는 심리적 기제들을 이해하게 해주는 무궁무진한 자원임을 발견했습니다. '정통'Orthodoxy이란 기계적 전통주의mechanical traditionalism를 가리키는 또 다른 말이 아닙니다. 이 말은 저에게, 그리고 무수한 이들에게 기쁨과 통찰을 끊임없이 길어 올릴 수 있는, 마르지 않는 샘을 뜻합니다.

  이 묵상들이 예수의 탄생과 부활을 둘러싸고 생겨난 이야기를 감지하는 데 도움을 주기를, 결국 이 이야기로 인간에 대한 다양한 탐구와 인류의 여정이 모두 합류하게 되기를 기도합니다.

2012년 모든 성인의 축일
람베스 궁에서
로완 윌리엄스

1부 성육신에 관하여

예수께서 헤로데 왕 때에 유다 베들레헴에서 나셨는데 그 때에 동방에서 박사들이 예루살렘에 와서 "유다인의 왕으로 나신 분이 어디 계십니까? 우리는 동방에서 그분의 별을 보고 그분에게 경배하러 왔습니다"하고 말하였다. 이 말을 듣고 헤로데 왕이 당황한 것은 물론, 예루살렘이 온통 술렁거렸다. 왕은 백성의 대사제들과 율법학자들을 다 모아놓고 그리스도께서 나실 곳이 어디냐고 물었다. 그들은 이렇게 대답하였다. "유다 베들레헴입니다. 예언서의 기록을 보면, '유다의 땅 베들레헴아, 너는 결코 유다의 땅에서 가장 작은 고을이 아니다. 내 백성 이스라엘의 목자가 될 영도자가 너에게서 나리라'하였습니다." 그 때에 헤로데가 동방에서 온 박사들을 몰래 불러 별이 나타난 때를 정확히 알아보고 그들을 베들레헴으로 보내면서 "가서 그 아기를 잘 찾아보시오. 나도 가서 경배할 터이니 찾거든 알려주시오"하고 부탁하였다. 왕의 부탁을 듣고 박사들은 길을 떠났다. 그 때 동방에서 본 그 별이 그들을 앞서 가다가 마침내 그 아기가 있는 곳 위에 이르러 멈추었다. 이를 보고 그들은 대단히 기뻐하면서 그 집에 들어가 어머니 마리아와 함께 있는 아기를 보고 엎드려 경배하였다. 그리고 보물 상자를 열어 황금과 유향과 몰약을 예물로 드렸다. 박사들은 꿈에 헤로데에게로 돌아가지 말라는 하느님의 지시를 받고 다른 길로 자기 나라에 돌아갔다. … 헤로데는 박사들에게 속은 것을 알고 몹시 노하였다. 그래서 사람을 보내어 박사들에게 알아본 때를 대중하여 베들레헴과 그 일대에 사는 두 살 이하의 사내아이를 모조리 죽여버렸다. (마태 2:1~12.16)

01

단순함의 나라

낮고 둥근 천장은 등불로 가득 차 있었고 공기는 후텁지근하며 바람 한 점 없었다. 은빛으로 반짝이는 좋은 덥수룩한 수염을 하고 예복을 입은 세 수도사의 방문을 알렸다. 옛 왕들과 같은 모습을 한 그들은 제대 앞에 엎드렸다. 긴 의식은 그렇게 시작되었다.

헬레나는 그리스어를 잘 알지 못했기에 자신이 무슨 생각을 하는지 말로 표현하지 않았다. 그저 자신의 눈앞에서 펼쳐지고 있는 장면에 집중할 따름이었다. 이제 그녀의 머리 속에는 오래전 강보에 싸인 아기와 멀고 먼 곳에서 그 아기를 경배하러 온 왕족 출신 박사 세 사람 외에는 아무것도 남지 않았다. 그녀는 생각했다.

'이날은 나의 날, 이들은 나와 같은 사람들이로구나.'*

이 이야기의 배경은 1,700년 전입니다. 1950년 이블린 워Evelyn Waugh는 과거의 인물인 헬레나 황후, 곧 콘스탄티누스 대제의 어머니를 주인공 삼아 이 이야기를 썼습니다. 만년晚年에 그녀는 그리스도교라는 새로운 신앙을 받아들였고 역사와 지리라는 물리적 사실을 터 삼아 자신의 새로운 신앙을 굳건히 하기 위해 성지 순례를 떠납니다. 그리스도교가 독특한 이유는 특정 장소에서 일어난 일련의 평범한 사건들에서 하느님의 신비를 발견할 수 있다고 말하기 때문이지요. 그리스도교 신앙은 하느님을 전문 용어나 신비로운 사색으로만 만날 수 있는 게 아니라 그분이 평범한 일들 가운데 모두를 위해 계신다고 말합니다. 그분은 소설에서 헬레나가 어렸을 때 던졌던 "언제, 어디서, 어떻게 아나요?"라는 물음에 대한 답 속에 계십니다.

헬레나가 갈망하는 것은 소박한 깨달음입니다. 하지만 그녀는 정치라는 쓰라리고 기만적인 세계에 붙잡혀 있습니다. 그녀의 아들 콘스탄티누스는 로마라는 세계를 장악했다는 비범한 성취 앞에 혼란스러워하고 불안해합니다. 날이 갈수록 그는 음모, 첩자와 암살자, 흑마술에 휘말리며 권력자의 일상이라는 거울의 방에 갇힙니다. 헬레나는 밝고 정직했지만 이러한 현실에서 완전히 벗어나지는 못합니다. 온갖 음

---

* Evelyn Waugh, *Helena* (London: Chapman & Hall, 1950).

모로 가득 찬 콘스탄티누스의 세계와 새로운 세계 질서에 대한 환상에 스스로가 갇혀 있음을 감지한 그녀는 십자가의 흔적이 남아있는 예루살렘으로 떠납니다.

지치고 혼란에 빠져있던 그녀는 이내 베들레헴에 있는 교회에 도착합니다. 사제들이 예배를 드리러 엄숙하게 걸어가는 모습을 보며 문득 그녀는 자신이 경험한 일들이 세 박사 이야기와 연관되어 있음을 깨닫습니다. 박사라고 불리는 사람들은 그녀와 같은 부류, 그녀가 염증을 느꼈던 바로 그런 부류의 사람들이었습니다. 그들은 똑똑하고 그래서 사람들을 기만하며, 쓸데없이 생각이 복잡하고 그래서 과민합니다. 이런 부류의 사람들은 주님이 탄생하는 현장에도 뒤늦게 도착합니다.

헬레나는 그들에게 말했다.

"저처럼, 당신들도 뒤늦게 왔군요. 목동들은 아주 오래전에 이곳에 도착했는데 말이에요. 심지어 그들은 소 떼를 몰고 왔는데도 말입니다. 그들은 당신들이 길을 떠나기도 전에 천사들의 합창에 합류했어요." …

"참 힘들었겠어요. 목동들은 맨발로 달려온 곳을, 살펴보고 또 따져보느라 말이에요. 기이한 제복을 입은 이들의 시중을 받으며, 터무니없는 선물을 싣고 이 먼 길을 오시다니, 참 희한한 일도 다 있군요."

단순함의 나라

"여기까지 오는데 그렇게 오래 걸렸는데도 거대한 별은 아직도 여러분 위에서 빛나고 있네요. 도대체 지금까지 무엇을 한 거죠? 헤로데 왕에게 이야기를 하느라 지체된 거라고요? 당신들이 그 소식을 그에게 전한 탓에 지방관들과 폭도들이 죄 없는 아이들을 쉴 새 없이 죽이고 있어요!"

그리스도를 찾는 여정에서조차 박사들은 생각이 복잡한 사람들이 으레 일으키는 대혼란의 원인이 됩니다. 그들은 헤로데에게 그리스도이신 아기에 관한 말을 전해 베들레헴에서 영아 학살이 일어나게 만듭니다. 헬레나가 보았듯 똑똑한 사람, 그래서 누군가를 기만할 줄 알며 온갖 지략을 짜낼 능력을 지닌 이들이야말로 가장 심각한 실수를 저지릅니다. 전략가들은 하나의 정치적인 행동을 하면 그것이 어떠한 영향을 미칠지, 어떠한 가능성을 지니고 있는지를 세밀하게 알고 있으나 정작 크고 분명한 것을 알지 못하고 분명한 순간을 감지하지 못한 채 혼란과 고통을 가중합니다. 오늘 우리도 여전히, 그들과 똑같은 그물에 걸려 있습니다. 우리는 점점 더 많은 것을 알아 가지만, 그만큼 비극적인 현실도 점점 더 심각한 문제를 더해 갑니다. 오늘날 통신 수단은 인류 역사상 그 어느 때보다 효율적이며, 나라 안팎에서 일어나는 여러 상황에 대한 분석은 날이 갈수록 예리해지고 있습니다. 그러나 그만큼 첩보와 감시의 중요성 또한 점증하고 있습니다. 무수한 이론이 등장해 한 개체로서의 인간, 집단으로서의 인간이 하는 행동을 설명하지만 무고한 이들을 살해하는 현실은 사라지지 않았습니다.

그럼에도 세 박사는 환대받습니다(이것이야말로 기적입니다). 똑똑한, 그래서 이루 말할 수 없이 어리석은 이 박사들에게는 아이, 소 떼, 맨발로 뛰어온 목자들처럼 맹목적인 단순함에서 시작하는 신앙이 들어설 자리가 없을지도 모릅니다. 그러나 헬레나는 말합니다.

"당신들은 찾아왔습니다. 되돌아가지 않고 말이지요. 또한 당신들은 구유가 놓인 방을 찾았습니다. 당신들이 가져온 선물들은 아무런 쓸모도 없지만 받아들여졌고 소중하게 다루어졌습니다. 그 선물에 사랑이 담겨 있기 때문입니다. 이제 막 육신을 입은 사랑이 빚으신 새로운 세계에는 여러분을 위한 방도 있습니다."

아기 그리스도를 찾아오는 길은 언제나 단순하지 않습니다. 대부분의 경우 사람들은 먼 길을 돌아 그리스도이신 아기를 찾아옵니다. 복잡한 사연을 거쳐 올 때도 있고, 죄를 짓고서 혼란 가운데 찾아올 때도 있습니다. 그릇된 생각을 가지고 찾아올 때가 있는가 하면 출발부터 잘못된 때도 있습니다. 이렇게 오는 이들을 향해 "단순하고 진실하게, 온 마음을 바쳐서 와야 합니다"라고 말하며 그렇게 되기를 바란다 해도 그 바람은 그저 바람으로만 남습니다. 그들이 진실로 답해야 할 질문은 그들을 걷게 한 복잡다단한 사연들을 구유를 향해 가는 여정에 맡길 수 있느냐, 거울의 방에 안주하기를 거부하고 진리가 진정 어디에 있는지를 찾아 나설 수 있느냐, 자신의 재주를 부리려 복잡하게 생각하기를, 남과 자신을 기만하기를 그치고 하늘의 지도가 가리키는 곳이 어디인지를 살필 수 있느냐는 것입니다.

헬레나가 말했다.

"당신들은 제 특별한 후견인, 그리고 뒤늦게 오는 모든 이, 진리를 향한 지난한 여정을 가는 모든 이, 앎과 추측으로 인해 혼란을 겪는 모든 이, 고상한 방식으로 자신들을 죄로 물들이는 모든 이, 자신이 가진 재능 때문에 모든 것을 위험에 빠뜨리는 모든 이의 후견인입니다."

"형제자매 여러분, 저를 위해, 그리고 감당할 수 없는 짐을 떠안은 불쌍한 제 자식을 위해 기도해 주십시오. 제 아들 또한 마지막이 오기 전에 여기 짚더미 가운데 무릎 꿇을 자리를 찾기를 바랍니다. 위대한 사람들을 위해 기도해 주십시오, 그들이 멸망하지 않도록."

그러니 여러분의 뒤엉킨 모습과 재능, 곧 우리를 우리로 만들어주는 수많은 뿌리를 거부하지 마십시오. 모든 걸음은 여정의 일부입니다. 심지어 잘못된 출발조차 이 여정의 일부입니다. 모든 경험은 여러분이 진리를 향해 나아가게 해줄 수 있습니다. 그리스도교 신앙은 현실은 전혀 고려하지 않고 무작정 단순해질 것을 요구하는 황당한 믿음이 아닙니다. 물론 사람들은 그리스도교 신앙이 그렇다고 생각하고 그리스도교 신앙을 진지하게 여기지 않을 때가 많습니다. 마구간에 들어갈 때 마구간 문밖에서 일어났던, 겪었던 일들을 모두 벗어나야 한다고, 죄 없는 사람만이 아무런 걸림돌 없이 마구간에 들어갈 수 있다고 그리스도교는 말하지 않습니다.

이러한 맥락에서 헬레나의 대답은 숙고해 볼 만한 가치가 있습니다. 당신을 당신으로 빚어내는 바로 그것을 주님께 드리십시오. 교만함, 곤혹스러움을 선물로 드리러 이 마구간에 오십시오. 그때 우리는 이렇게 하느님께 기도할 수 있습니다.

제 경험과 무수한 실수, 잘못된 출발이 빚어낸 저를 사용하시어
당신의 변혁하는 사랑을 드러내소서.

성육신 사건은 "언제, 어디서, 어떻게 알죠?"라는 인간의 가장 단순한, 그래서 가장 근본적인 질문들에 대한 응답입니다. 그곳에 가장 먼저 도달하는 이들은 정교하고 세련되게 자신을 포장하지 않는 이들, 자기반성으로 자신을 방어하지 않는 이들입니다. 이들이 흘리는 눈물에는 기만이 없습니다. 이들은 하느님과 적당한 거리를 유지하는 법을 알지 못합니다. 거리를 유지하는 것만큼은 전문가 수준인 우리와는 달리 말이지요. 이들을 통해 우리는 우리가 향해야 할 곳이 어디인지를 배웁니다. 이들을 통해 우리는 순전하게 나아와 하느님께 다가갈 수 있음을, 구유에 누운 아이, 갈릴래아에서 펼쳐진 삶, 펼쳐져 드러난 그 신비를 마주할 수 있음을 배우며 우리가 이를 얼마나 갈망하는지를 알

게 됩니다. 이제 우리는 있는 모습 그대로 마구간에 옵니다. 그분은 우리를 위해 방을 마련하셨고 우리에게 치유를 약속하십니다. 심지어 그분은 오든W.H. Auden이 말했던 우리의 "비뚤어진 가슴"*을 들어 사용하기까지 하십니다. 이블린 워는 이에 관해 무언가를 알고 있었습니다. 많은 작가가 그렇듯 그는 상상할 때 뱀이 똬리를 틀듯 자기 자신으로 파고들 줄 알았고, 작품과 삶 사이로 벌어진 틈새를 간파하고 지나치지 않았습니다. 작품이 어떻게 완결될 수 있는지, 실패와 혼란이라는 인간적 배경에서도 어떻게 작품이 스스로의 아름다움을 발할 수 있는지 알고 있었던 것이지요. 그는 자기 자신에 대해 환상을 갖지 않았습니다. 그는 자신의 삶에 그늘을 드리운 우울과 분노, 강박을 알고 있었습니다. 그가 그린 헬레나는 다름 아닌 이블린 워 그 자신을 위해 기도했습니다. 그에게 글쓰기란 자신의 죄를 용서해달라는 기도였습니다.

   마구간 짚더미 안에서, 겸손한 사람과 생각이 복잡한 사람은 함께 무릎 꿇을 수 있습니다. 하느님께서는 짚더미 위에 누운 아기라는 그 벌거벗은 단순함 가운데, 어린아이의 물음에 대한 대답 가운데 계실 뿐만 아니라, 세련되었으며 그렇기에 어려움에 처한 이들, 추위를 뚫고 길고도 우여곡절 가득한 여정을 걸어온 이들 가운데에도 계십니다. 물론, 우리는 어린아이와 같이 되라는 말씀을 듣고, 베들레헴의 하느님을 믿고 신뢰하라는 초대와 마주합니다. 그러나 이는 아무나 남

---

* W.H.오든의 시 「어느날 저녁 밖에 나왔을 때」As I Walked Out One Evening(1937)에 나오는 표현.

발하는 "성탄절은 아이들을 위한 날이지" 같은 말이 아닙니다. 저 말은 잠깐 멋진 환상에 빠졌다가도 이내 단호히 마구간 문밖에 서는 다 큰 어른에게는 성탄절이 별다른 의미가 없음을 뜻하니 말입니다.

헬레나는 어린아이와 같이 되라는, 저 말씀의 뜻을 잘 알고 있습니다. 늙고 지친 노인도 어린아이처럼 갈망하며 기쁨에 차 응답할 수 있습니다. 그러한 응답이 솟아나면, 누군가를 향해 당신은 환대받기에는 너무 타협했다고, 당신은 환대받기에는 무언가에 얽매여 있다고 말할 수 없습니다.

위의 소설은 음모와 폭력, 냉소와 절망, 거짓 희망 속에 낡아버린 세계를 그립니다. 하지만 그는 그 모든 것에도 불구하고 참된 희망이 있다고 말합니다. 말 구유, 언젠가 죽음의 고통으로 절규하는 인간을 달아맸던 오래되고 얼룩진 나무들 곧 헬레나가 예루살렘에서 찾으려 했던 십자가, 저 파괴되지 않는 두 사실에 참된 희망이 있습니다. 이 세계에, 정치와 투쟁으로 만연한 현실 세계에 자리가 마련되었습니다. 이 자리에 하느님께서는 자기 집처럼 편안히 거하십니다. 그곳에서 그분은 우리 모두를 맞이하십니다. 그곳에서 그분은 우리가 가져온 모든 것을 들어 사용하십니다.

그러므로 헬레나는 늦게 온 이들, 혼란에 빠진 이들, 재능있는 이들, 덧없는 권력을 붙드느라 너무나 많은 자유를 잃어버린 권세자들, 잔악한 행동과 부패를 방관하고 지지했음을 뒤늦게 알게 된 문명화된 사람들, 분별력 있는 이들, 어른이 되어버린 사람들, 냉소주의에 익숙해진 사람들을 위해 기도합니다. 이제 박사들이 우리를 위해 분명한 과업을 품고 있는 구유의 아기 앞에 섭니다. 이들을 향해 그녀는 결코 잊을 수 없는 말을 건넵니다.

"당신들이 갖고 온 기이한 선물들을 거절하지 않은 그분을 위해 기도하십시오. 언제나 모든 배운 사람들, 엇나간 이들, 연약한 이들을 위해 기도하십시오. 그들의 나라에 단순함이 찾아왔을 때 하느님의 보좌에서 그들이 완전히 잊히지 않도록."

새 노래로 야훼를 찬양하여라.

놀라운 기적들을 이루셨다.
그의 오른손과 거룩하신 팔로 승리하셨다.

야훼께서 그 거두신 승리를 알려주시고
당신의 정의를 만백성 앞에 드러내셨다.

이스라엘 가문에 베푸신다던
그 사랑과 그 진실을 잊지 않으셨으므로
땅 끝까지 모든 사람이 우리 하느님의 승리를 보게 되었다.

온 세상아, 야훼께 환성을 올려라.
기뻐하며 목청껏 노래하여라.

거문고를 뜯으며 야훼께 노래불러라.
수금과 많은 악기 타며 찬양하여라.

우리의 임금님, 야훼 앞에서
은나팔 뿔나팔 불어대며 환호하여라.

바다도, 그 속에 가득한 것들도, 땅도,
그 위에 사는 것들도 모두 환성을 올려라.

물결은 손뼉을 치고 산들은 다 같이 환성을 올려라.

야훼 앞에서 환성을 올려라. 세상을 다스리러 오신다.

온 세상을 올바르게 다스리시고 만백성을 공정하게 다스리시리라.

(시편 98)

그 근방들에는 목자들이 밤을 새워가며 양떼를 지키고 있었다. 그런데 주님의 영광의 빛이 그들에게 두루 비치면서 주님의 천사가 나타났다. 목자들이 겁에 질려 떠는 것을 보고 천사는 "두려워하지 마라. 나는 너희에게 기쁜 소식을 전하러 왔다. 모든 백성들에게 큰 기쁨이 될 소식이다. 오늘 밤 너희의 구세주께서 다윗의 고을에 나셨다. 그분은 바로 주님이신 그리스도이시다. 너희는 한 갓난 아이가 포대기에 싸여 구유에 누워 있는 것을 보게 될 터인데 그것이 바로 그분을 알아보는 표이다" 하고 말하였다. 이 때에 갑자기 수많은 하늘의 군대가 나타나 그 천사와 함께 하느님을 찬양하였다. "하늘 높은 곳에는 하느님께 영광, 땅에서는 그가 사랑하시는 사람들에게 평화!"

천사들이 목자들을 떠나 하늘로 돌아간 뒤에 목자들은 서로 "어서 베들레헴으로 가서 주님께서 우리에게 알려주신 그 사실을 보자" 하면서 곧 달려가 보았더니 마리아와 요셉이 있었고 과연 그 아기는 구유에 누워 있었다.

아기를 본 목자들이 사람들에게 아기에 관하여 들은 말을 이야기하였더니 목자들의 말을 들은 사람들은 모두 그 일을 신기하게 생각하였다. 마리아는 이 모든 일을 마음속 깊이 새겨 오래 간직하였다. 목자들은 자기들이 듣고 보고 한 것이 천사들에게 들은 바와 같았기 때문에 하느님의 영광을 찬양하며 돌아갔다. (루가 2:8~20)

02

'두려워하지 마라!'

주님의 영광의 빛이 그들에게 두루 비치면서 주님의 천사가 나타났다. 목자들이 겁에 질려 떠는 것을 보고 천사는 "두려워하지 마라. 나는 너희에게 기쁜 소식을 전하러 왔다. 모든 백성들에게 큰 기쁨이 될 소식이다. 오늘 밤 너희의 구세주께서 다윗의 고을에 나셨다. 그분은 바로 주님이신 그리스도이시다. 너희는 한 갓난 아기가 포대기에 싸여 구유에 누워 있는 것을 보게 될 터인데 그것이 바로 그분을 알아보는 표이다" 하고 말하였다. (루가 2:9-12)

요셉에게, 마리아에게, 그리고 목자들에게 천사는 말합니다.

"두려워하지 마라!"

이 말은 성탄 이야기에서 빠짐없이 등장하는 주제를 담고 있습니다. 또한 이 말은 구세주 하느님이 오셨다는 경이로운 소식이 우리가 모두 진실로 소망하던 바이나 한편으로는 기존의 세상이 돌아가고 나아가는 방식, 기존의 삶이 진행되고 나아가는 길을 강력히 가로막음을 일깨워 줍니다. 세상이 새로워질 때 우리는 뭔지 모를 두려움을 느낍니다. 무언가가 다시 만들어질 때, 그로 인해 지금까지 진행되고 있던 일이 가로막힐 때 이를 기꺼이 받아들이기란 쉽지 않습니다.

자신이 몸담고 있는 종교에 헌신하면, 그 행동은 우리를 둘러싼 이 세상의 전제와 관습에 일정한 균열을 냅니다. 그 헌신이 어떠한 수준에서 이루어지든 간에 말입니다. 세속 사회가 종교를 향해 의심 어린 시선을 보내고, 그 내용을 전혀 이해하지 못할 뿐 아니라 더 나아가 두려움을 갖는다 해도 그리 놀랄 일은 아닙니다. 프랑스에서는 공립학교에서 무슬림이 쓰는 히잡 착용을 금지하는 법안을 내놓았습니다. 이는 특정 종교에 헌신하는 활동이 공적 영역에서 그 모습을 드러낼 때 두려움을 불러일으킴을 보여줍니다. 세속화된 사람들은 이러한 활동을 허용하면 이성적인 세상을 집어삼킬 비이성적인 힘이 만개할 터전이 생길 것이라며 염려합니다. 시라크 Jacques Chirac 프랑스 대통령은 히잡 착용 금지를 옹호하며 학교가 분파주의라는 광풍에서 아이들을 보호해야 한다고, "학교는 그들이 자신이 속한 사회의 올바른 가치를 가르치는 '공화정의 성역' republican sanctuary이 되어야 한다"고 주장했습니다. 종교적 신앙을 갖는 것 자체를 금지하는 것은 아니나 이를 밖으로 드러내는 행위는 (히잡을 쓰는 행위든 벽에 십자가를 거는 행위든) 엄격히 규제해야 하며 그래야만 세속 국가의 가치들의 순수성을 보존할 수 있다는 것이지요. 이러한 관점에서 신앙은 드러내서는 안 되는 것입니다.

같은 시기 프랑스의 최고 랍비는 급증하는 반유대주의 사건 때문에 프랑스에 있는 유대교인들에게 공공장소에서 키라(유대교인이 머리에 쓰는 모자)를 착용하지 말라고 권고했습니다. 특정 종교에 헌신하는 활동을 사람들 눈에 보이지 않게 하려는 데는 여러 이유가 있습니다. 종교적인 신념을 대중에게 드러내는 것, 이로 인해 발생하는 복잡한 반응과 감정은 크게 두 가지 측면으로 나뉩니다. 한편에서 세속 세계는 그것이 무엇이든 종교에 바탕을 둔 신앙이라면 이로부터 자신을 지키기 위해 완강한 모습을 보입니다. 다른 한편 종교 공동체는 그곳에 속한 구성원들을 향한 외부인들의 혐오와 증오 때문에 대중 앞에서 자신의 종교적 정체성을 분명하게 드러내는 데 두려움을 느낍니다. 각자 다른 문제와 각자 다른 동기로 사람들은 다른 반응을 보이지만, 그 이면에는 모두 '현대 세계의 공적 영역에서 종교적인 신앙을 어떻게 드러내야 하느냐'는 중요하고 긴급한 물음이 놓여 있습니다.

이를 오늘날 다원주의와 연관 지어 이야기해 볼까요. 공적인 영역에서 종교가 일반 대중의 눈에 띌 정도로 세속 문화와 차이를 드러낼 때 사람들은 어떠한 방식으로든 불편함을 느낍니다. 그 결과 종교를 가진 사람은 신앙 공동체의 구성원이라는 정체성을 사람들 눈에 보이게 드러낼 때 소외나 위협을 느낍니다. 종교에 불편함을 느끼는 사람은 학식 있는 자유주의자만 있는 게 아닙니다. 정반대 편에서, 반유대주의자가 저지르는 경솔한 폭력에서도 우리는 종교에 대한 불편함, 거부감을 발견할 수 있습니다. 둘은 다르지만 결국 종교를 가진 사람들에게 미치는 영향은 유사합니다. 이러한 사실을 받아들이는 건 어려운 일이지만 말이지요. 이 모든 이야기가 그저 프랑스에만 해당하는 문제라 생각하지 마십시오. 영국에서도 총리가 자신의 종교적 신앙을 내비칠 때면 언론은 호들갑스럽게 과민하게 반응하거나 조소를 보냅니다. 또 조에나 젭슨Joanna Jepson이 낙태 문제를 두고 우리가 암묵적으로 전제하는 것에 경각을 울릴 때 많은 사람이 보인 격렬한 반응을 떠올려 보십시오.* 공적으로 드러난 종교적 신앙에 대한 불편함에서 나오는 반응이라는 점에서, 저 모든 반응은 크게 다르지 않습니다.

신앙에 대한 거부감과 두려움은 연약한 공동체, 소수 공동체(이 공동체가 어떠한 전통에 속해있든 간에 말이지요)에 대한 공포를 불러일으키기도 합니다. 목소리를 높여 이를 개탄하기 전에, 잠시 멈추어서, 신앙이 드러날 때 왜 이 사회가 그토록 강하게 자신을 보호하려 하는지 생각해 봅시다.

안타깝게도 역사를 살펴보면 종교는 너무나도 자주 힘있는 사람들을 대변했으며 힘없는 사람들을 억눌렀습니다. 잔혹한 행위를 정당화하는 구실로 쓰일 때도 많았습니다. 조직적인 활동을 통해, 때로는 강

---

* 영국 성공회 사제인 조에나 젭슨은 2001년 언청이가 될 가능성이 높은 태아를 중절한 의사를 고발했다. 재판 과정에서 그녀는 낙태를 '과실치사'라 주장하며 이에 반대하는 운동을 벌였다.

제력을 동원함으로써 사람들에게 자신을 받아들이라고 강요할 때도 있었으며 자기방어에 급급할 때도 있었습니다. 부패한 종교 기관들은 인류의 복지를 위한 기초적인 제도를 마련하는 데도 무관심했습니다. 이렇게 종교는 다름에 대해 자신이 얼마나 편협한지를 드러냈습니다(이는 반유대주의가 남긴 유산이기도 합니다). 종교가 실제로 그리는 전체 그림은 그렇지 않다고 아무리 항의한다 할지라도 이 흔적은 쉽게 사라지지 않습니다. 오늘날 이 흔적은 종교의 이름으로 일어나는 테러를 통해 새로운 활력을 얻고 있습니다. 그 종교를 대표하는 각계각층의 사람들이 발 벗고 나서서, 그러한 행동은 신앙과 양립할 수 없다고 강력하게 규탄하는데도 말입니다.

"두려워하지 마십시오!" 신앙인은 세속 세계를 향해 말합니다. 그러나 세속 세계는 종교를 인류의 정신세계와 실제 세계에서 자신의 영역을 넓히기 위해 싸움을 벌이는 무언가로 간주합니다. 이때 종교는 인간의 독립성과 존엄성을 해치려고 안간힘을 쓰는 제국처럼 보입니다. 혹자는 이런 모습을 보고 스윈번Algernon Charles Swinburne의 유명한 시구를 떠올릴지도 모르겠습니다.

> 오, 창백한 갈릴래아 사람이여! 그대가 정복했노라.
> 세상은 그대의 숨결로 인해 잿빛으로 변했나니.**

** 스윈번의 「페르세포네에게 바치는 송가」Hymn to Proserpine(1866) 中

이 시구는 이 세상에서 적어도 절반이 믿고 있는 바를 압축해서 보여줍니다. 이러한 생각은 역사를 지극히 제한된 관점으로 보는 데서 나오지만, 가장 깊은 수준에서 답을 내놓아야 할 만큼 진지하게 숙고해 볼 만한 가치가 있습니다.

우리의 성탄 이야기, 성육신 사건에 대한 신앙은 바로 그 생각에 응답합니다. 왜 천사는 요셉에게, 마리아에게, 그리고 목자들에게 두려워하지 말라고 말했을까요? 하느님께서 세상에 오셨을 때 일어난 일은 점령군이 어떤 땅을 점령한 사건이 아니기 때문입니다. 성육신 사건은 어떤 강력한 적이 우리가 가진 모든 것을 빼앗기 위해 우리가 만든 벽에 균열을 낸 사건이 아닙니다. 진실은 이와 너무나도 다릅니다.

말씀이 육신이 되었다.

이 단순한 말, 평생에 걸쳐 기쁨으로 끊임없이 곱씹게 만드는 이 말에서 우리는 저 진실에 대한 단서를 발견할 수 있습니다.

하느님께서 우리에게 오실 때, 그분은 당신의 입맛에 맞게 우리 인간을 바꾸지 않으십니다. 오히려 그분은 우리처럼 인간이 되십니다. 그분은 막무가내로 들어와 사람들 위에 군림하지 않으십니다. 사람들을 짓밟지도 않으십니다. 오히려 그분은 젖을 달라며 애처롭게 우는 아기로 태어나, 그 울음소리로 당신이 세상에 오셨음을 알리십니다. 그분은 법이나 위협을 통해 세상을 바꾸지 않으십니다. 그분은 죽음과 부활을 통해 세상을 바꾸십니다. 우리의 모든 불편함, 두려움, 불안을 뒤집어엎는 이 이야기를 로버트 사우스웰Robert Southwell은 멋지게 표현해냈습니다.

> 그가 쏟아내는 포환은 아기의 울음소리요
> 그가 쏘는 화살은 흐르는 눈물과 같으니˙

같은 이야기를, 지은이를 알 수 없는 중세 노래가 쉽게 잊히지 않는 가사로 표현하기도 했습니다.

> 그는 그토록 고요하게 왔다네, 그의 어머니 있던 곳에서,
> 4월의 이슬처럼, 풀 위로 내려앉네.

그분은 고요함 가운데 오십니다. 그분은 누군가에게 의존하는 모습으로, 연약한 상태로 오십니다. 그분은 전적으로 거저 주시는 선물로 오십니다. 그분은 이 세상, 우리네 삶의 중심부에서, 어미의 태를 통해, 하느님을 신뢰하고 자신을 바친 마리아의 자유로운 사랑을 통해 오십니다. 그리고 이는 신비롭게도 그분이 "하늘에서 내려오셨다"는 고백과 일치합니다. 하느님의 삶을 사는 인간이라는 점에서 예수는 우리와

˙ 로버트 사우스웰의 시 「새로운 천국, 새로운 전쟁」New heaven, New war 中

'두려워하지 마라!'

전적으로 다릅니다. 그러나 모든 면에서 우리와 닮았다는 점에서 그분은 우리와 전적으로 같습니다. 성서는 우리에게 바로 이 이야기를 전합니다.

그분이 오신 방식은 그 자체로 우리에게 너무나 많은 것을 이야기해 줍니다. 적어도 한 가지는 잊지 마십시오. 그것은 바로 우리가 죄로 인해 상처 입고 흠 있는 존재라 할지라도 여전히 하느님의 생명을 품을 가능성을 지니고 있다는 것입니다. 하느님께서 살과 피를 가진 인간으로 태어난 이야기를 통해 우리는 우리가 무엇이 되기 위해 태어났는지를 깨닫습니다. 우리는 하느님의 사랑을 실어 나르는 이가 되도록 창조되었습니다. 성육신 사건을 통해 우리는 우리가 본래 속했던 곳으로 가는 여정, 하느님께로 돌아가는 여정, 우리가 본래 창조된 목적을 향해 나아가는 여정을 시작합니다.

하느님과 함께 평화와 기쁨을 누리며 사는 삶은 우리의 인간성이 철저하게 수술을 받아 인간이 아닌 무엇이 되는 삶이 아닙니다. 우리의 본성이 어떤 거대한 힘을 지닌 이에게 난도질당해 굴복하는 삶도 아닙니다. 그분은 고요함 가운데 오셨습니다. 그렇게 그분은 자신의 피조물에게 오셨습니다.

참된 그리스도인은 세속 사회와 사람들이 느끼는 두려움에 이렇게 답해야 합니다. 하느님께서는 결코 이 세상과 인간에게 적대적인 낯선 존재가 아니라고 말입니다. 그분은 우리가 갖고 있는 것을 가로채지 않으십니다. 신앙은 인간의 자유를 왜곡하지 않습니다. 신앙은 별로 중요하지 않은 사적인 기행奇行이 아닙니다. 신앙은 하느님께서 인류를 사랑으로 품으셨다는 사실을 통해 인간의 자유를 충만하게 끌어올립니다.

> 우리는 모두 그의 충만함에서 선물을 받되,
> 은총에 은총을 더하여 받았습니다. (요한 1:16)

성 요한이 분명하게 밝혔듯 살과 피를 입은 말씀은 이 세상에 낯선 존재가 아닙니다. 오히려 그분은 창조의 근원이자 힘이며 모든 심장 가운데 살아 움직이는 심장입니다.

그러므로 참된 그리스도교 신앙은 자신을 방어하기 위해 어떤 영역을 개척하지 않으며, 자신에게 반역하려는 세계를 정복해 이를 힘으로 억누르지 않습니다. 다만 참된 신앙은 세상을 향해 증언합니다. 하느님께서 우리와 함께하심을 기쁜 마음으로 받아들이지 않는다면, 모든 인간과 모든 피조물, 모든 인간의 생명 한가운데 자리한 '참 빛'을 인식하지 못한다면 세상은 결코 온전한 세상이 될 수 없다고 말입니다. 또 참된 그리스도인은 말할 것입니다. 이를 듣고 두려워한다면 그것은 어쩌면 우리가 우리 자신을 두려워하기 때문이라고, 우리가 진정 누구인지, 그리고 무엇이 되어야 하는지 몰라 두려움에 휩싸여 있기 때문이라고, 우리가 상상할 수 있는 것보다 더 존귀한 인류의 운명을 두려워하고 우리가 참된 우리 자신이 되기 위해 우리의 삶을 통째로 바꾸어

'두려워하지 마라!'

야 할까 봐 두려워하기 때문이라고 말입니다.

    이 말은 편히 들을 수 있는 말이 아닙니다. 어쩌면 무서운 말이기도 합니다. 복음서는 말합니다.

> 그가 자기 땅에 오셨으나,
> 그의 백성은 그를 맞아들이지 않았다. (요한 1:11)

이 구절에서 "그의 백성"은 하느님의 형상으로 만들어졌으나 아직 그분의 약속을 감당하지 못하는 우리 모두를 가리킵니다. 종교적 신앙을 가진 이들조차 너무나 자주 그리스도께서 오셨다는 복음을 한 번도 들어본 적이 없고 이해하지도 못한 것처럼 행동하곤 합니다. 그렇기에 신앙이 인류의 존엄성을 훼손하지 않으며 오히려 풍성하게 해준다고 말하더라도 세속 세계가 이를 순순히 받아들이리라고 기대할 수는 없습니다. 먼저 우리는 진실로 인류의 편에 서 있음을 보여주어야 합니다. 어려움에 처한 이들에게 인내심을 가지고 헌신해야 합니다. 정의를 이루기 위해 용기를 내고 희생해야 합니다. 폭력의 위협 앞에서, 사람들을 자유케 하는 화해를 이루려 몸부림쳐야 합니다.

    하느님은 "그의 백성", 곧 종교를 가진 이들에게 오십니다. 그러나 우리는 그분이 오심을 알아차리지 못하며 오신 그분을 받아들이지 못할 때가 많습니다.

    종교를 가진 이들이 자신이 믿는 하느님을 온전히 증언하는 데 실패했을 때 일어나는 두려움과 불안이 완전히 사라진다 해도 깊은 곳에 자리한 두려움은 사라지지 않습니다. 이 두려움은 표면 위로 올라와 우리 모두에게 무언가를 요구합니다. 이것이야말로 신앙이 우리에게 던지는 참된 도전입니다. 누구도 이 도전을 비껴갈 수 없습니다.

우리는 이 도전을 가치 있게 만들어주는, 기쁨과 참된 인간성을 보여주는 삶, 영원한 말씀을 따라 사는 삶이 더 많아지기를 희망해야 합니다. 이러한 삶들은 모두 예수 안에서 하느님께서 하신 활동을 가리킬 것입니다. 그분은 우리를 침범하지 않습니다. 우리가 당신에게 방해가 된다고 여기며 당신의 길에서 우리를 밀어내지 않습니다. 우리를 깎아내리지도, 비하하지도 않습니다. 그분은 당신의 세계로, 당신의 생명으로 우리를 초대하십니다. 그리고 당신만이 하실 수 있는 무한한 환대를 우리에게 열어 보여주십니다. 그분은 우리를 우리보다 덜한 존재가 아니라 참된 우리로 빚어내십니다. 참된 신앙의 사람은 자신의 삶으로 이를 보여줍니다. 신앙의 삶은 공적 영역에 그 모습을 드러낼 때 세속 국가가 암묵적으로 가정하는 중립성, 대중이 암묵적으로 합의한 도덕 원리들을 위협하지 않습니다. 오히려 우리는 이 삶을 통해 모든 도덕과 모든 원리, 모든 헌신 아래 자리한 깊은 차원을 어렴풋이 들여다봅니다. 신앙의 삶을 통해, 우리는 깊은 차원에서 하느님의 거룩함, 그분의 신실함, 그분의 사랑이 우리의 삶, 하느님의 자녀가 되기 위해 창조된 삶의 본질을 비옥하게 해줌을 알아 가게 됩니다. 참된 신앙의 삶은 우리를 둘러싸고 있는 풍요로움을 슬쩍 보여줍니다. 이 넘쳐흐르는 풍요로움이 없다면 우리가 그토록 힘주어 말하는 모든 가치와 원리는 이내 썩어 문드러져 사라질 것입니다.

위대한 종교 전통은 각기 나름의 방식으로 이를 이야기합니다. 그렇기에 서로를 괴롭히면서 번민하는 이 시대에 그리스도교인, 무슬림, 유대교인, 그 밖의 모든 종교인은 조화를 이루며 서로의 길을 격려해야 합니다. 그러나 이 가운데서도 그리스도교 신앙이 갖는 독특한 점이 있습니다. 그리스도교 신앙은 하느님의 온전함을 경전뿐만 아니라 한 인간이 담아냈다고 증언합니다. 그러니 그리스도를 따르는 여러분, 불안에 휩싸인 세속 세계를 향해 당당히 말하십시오.

"두려워하지 마십시오!"

하느님께서는 자유와 존엄을 향한 인류의 희망을 폐기하러 오시지 않습니다. 그분은 이를 이루기 위해 오십니다. 이를 신뢰한다면 우리는 세속화된 이들에게 전하는 그 말, 하느님께서 우리에게 오시며 하시는 말씀을 우리 자신에게도 새겨야 할 것입니다.

"두려워하지 마라!"

권력에 굶주리고 불안에 휩싸인 세속 집단이 이 사회에서 자신의 영역을 확장하기 위해 투쟁하듯 우리를 내세울 필요가 없습니다. 그리스도인인 우리가 해야 할 단 하나의 과업은 말씀이 우리 안에서 피어나 우리를 통해 세상에 퍼지게 하는 것입니다. 이는 평생 이루어 가야 할 과업임과 동시에 순간순간 우리가 받게 되는 선물입니다.

하느님께서 인간을 창조하셨음을 기념하는 예배에 담긴 신비를 불현듯 깨닫게 될 때, 복음을 통해 우리가 말씀을 들을 때, 성찬의 빵과 포도주를 나눌 때, "우리는 모두 그의 충만함에서 선물을 받되, 은총에 은총을 더하여" 받습니다.

태초에 '말씀'이 계셨다. 그 '말씀'은 하느님과 함께 계셨다. 그 '말씀'은 하느님이셨다. 그는 태초에 하느님과 함께 계셨다. 모든 것이 그로 말미암아 창조되었으니, 그가 없이 창조된 것은 하나도 없다. 창조된 것은 그에게서 생명을 얻었으니, 그 생명은 사람의 빛이었다. 그 빛이 어둠 속에서 비치니, 어둠이 그 빛을 이기지 못하였다.

하느님께서 보내신 사람이 있었다. 그 이름은 요한이었다. 그 사람은 그 빛을 증언하러 왔으니, 자기를 통하여 모든 사람을 믿게 하려는 것이었다. 그 사람은 빛이 아니었다. 그는 그 빛을 증언하러 왔을 따름이다.

참 빛이 있었다. 그 빛이 세상에 와서 모든 사람을 비추고 있다. 그는 세상에 계셨다. 세상이 그로 말미암아 생겨났는데도, 세상은 그를 알아보지 못하였다. 그가 자기 땅에 오셨으나, 그의 백성은 그를 맞아들이지 않았다. 그러나 그를 맞아들인 사람들, 곧 그 이름을 믿는 사람들에게는, 하느님의 자녀가 되는 특권을 주셨다. 이들은 혈통에서나, 육정에서나, 사람의 뜻에서 나지 아니하고, 하느님에게서 났다.

그 말씀은 육신이 되어 우리 가운데 사셨다. 우리는 그의 영광을 보았다. 그것은 아버지께서 주신, 외아들의 영광이었다. 그는 은혜와 진리가 충만하였다. 우리는 모두 그의 충만함에서 선물을 받되, 은혜에 은혜를 더하여 받았다. (요한 1:1~16)

03

'우리는 모두 그의 충만함에서 선물을 받았습니다'

나를 보았으면 곧 아버지를 본 것이다. 그런데도 아버지를 뵙게 해달라니 무슨 말이냐? 너는 내가 아버지 안에 있고 아버지께서 내 안에 계시다는 것을 믿지 않느냐? 내가 너희에게 하는 말도 나 스스로 하는 말이 아니라 아버지께서 내 안에 계시면서 몸소 하시는 일이다. 내가 아버지 안에 있고 아버지께서 내 안에 계시다고 한 말을 믿어라. 못 믿겠거든 내가 하는 이 일들을 보아서라도 믿어라. (요한 14:9-10)

여객선을 타고 바다를 여행할 때 가장 어리석은 행동은 동력실engine room에 가보는 것이라는 옛말이 있습니다. 저는 누군가 바티칸이나 처치 하우스, 혹은 람베스 궁에 가려 할 때 사람들이 선뜻 이를 권하지 않는 건 바로 이 때문이 아닐까 생각하곤 합니다. 무언가의 중심부에 다가가는 것은, 혹은 사람들이 무언가의 중심부라 여기는 곳에 가는 것은 가벼운 마음으로 할 수 있는 게 아닙니다. 그리고 그곳에 이르렀을 때 그때까지 갖고 있던 환상은 깨질 때가 많습니다. 그러니 무언가의 중심부가 어떠한 모습을 갖추고 있는지, 그것이 어떻게 움직이고 있는지 정말 알고 싶은 게 아니라면 사람들은 이를 말리며 말할 겁니다. "그게 어떻게 돌아가는지(아니면 왜 돌아가지 않는지) 구태여 알 필요는 없잖아? 하던 일이나 계속하지 그래."

그러한 면에서 그리스도께서 탄생하신 사건은 낯설고, 가까이 가기를 꺼리게 되는 사건입니다. 마구간에 있는 이 아기를 보라고 초대받는 것은, 배의 동력실에 초대받는 것과 크게 다르지 않습니다. 그곳에서 우리는 하느님께서 활동하시는 방식, 존재하시는 방식을 알게 됩니다. 이 세계를 움직이는 모든 질서가, 어느 저술가의 멋진 표현을 빌려 쓰자면 "자연법칙 안에서 타오르고 있는 불꽃"이, 작은 강보에 싸인 떨리는 육체에 담겨 있습니다.* 이 아기에게 하느님께서는 당신을 완전히 내어 주셨습니다. 우리는 이 누추한 곳에서, 연약하기 그지없는 아기에게서 하느님을 만납니다. 여기에는 장관을 이루는 나팔 소리도 울려 퍼지지 않고 영광으로 가득한 구름도 없습니다. 그분은 이렇게 활동하십니다. 우리는 우리가 이해하고 있는 하느님의 모습에 맞추

---

* Kitty Ferguson, *The Fire in the Equations: Science, religion and the search for God* (West Conshohocken: Templeton Press, 1994).

어 여기서도 강인함이나 성공을 발견하려 합니다. 그러나 그분은 당신의 모든 것을 내어주십니다. 세계는 속박과 강제를 거부하는 이 사랑, 구유와 십자가로 표현되는 사랑으로 생명을 얻습니다.

해마다 우리는 힘없는 아기와 십자가에서 죽어가는 사내를 봅니다. 그리고 이에 관한 이야기를 듣습니다. 이 힘없는 아기와 십자가에서 죽어가는 사내를 통해 드러나는 사랑이 이 세계에 생명을 준다는 사실은 경이롭다 못해 충격적입니다. 이 이야기를 통해 우리는 세계의 동력실을 들여다봅니다. 우리는 곤혹스러워합니다. 우리는 우리 자신의 안전을 지키려 애씁니다. 우리 자신의 성공에 집착합니다. 모든 것을 좌지우지하려 하나 어떤 것도 좌지우지하지 못해 끊임없이 근심합니다. 우리는 우리가 알고 있는 것과는 전혀 다른 방식으로 힘이 자신을 드러낼 수 있다고 생각하지 못합니다. 그러나 성육신 사건은 성금요일과 부활 사건이 우리에게 전하는 바와 꼭 같은 이야기를 합니다. 하느님께서는 당신이 품고 계시는 생명을 비워내심으로써, 사랑으로 자기를 내어주심으로써 당신께서 이루고자 하시는 바를 성취하신다고 말입니다.

복음서는 이를 알리기 위해 독자들을 설득하지 않습니다. 대신 복음서는 우리가 상상할 수도 없는 이야기를 전합니다. 하느님께서는 언제나, 영원의 차원에서, 당신의 영원한 아들, 말씀이라는 인격 안에 당신의 모든 존재를 쏟아내고 계신다고 말입니다. 말씀, 곧 아버지에게 모든 것을 선물로 받은 분은, 모든 피조물에게 존재를 주심으로 이 세계를 살아 움직이게 하시며 우리를 위해 인간이 되셔서 치욕과 죽음을 감내하심으로 자기를 선물로 주십니다.

우리는 모두 그의 충만함에서 선물을 받았습니다.

우리는 예수, 살과 피를 지닌 인간이 되신 말씀을 신뢰함으로써 하느님의 자녀가 되는 자유와 권세를 얻습니다. 그리하여 하느님 당신의 기쁨을 온전히, 더 온전히 누리게 됩니다.

우리는 그분으로 인해 살아 움직이며 그분 안에서 살아 숨 쉽니다. 온 세계가 존재하는 것은 하느님께서 당신의 사랑을 거두지 않으시고 완전한 당신에게서 거침없이 흘러나오게 하셨기 때문입니다. 그분은 자신과는 다른 세상을 창조하시고 당신의 아들이라는 선물을 주심으로써 이 세계를 사랑으로 가득 채우십니다. 그리스도인으로서 우리의 삶, 의무, 도덕은 어떤 명령에 의지하지 않습니다. 우리의 삶, 의무, 도덕은 하느님께서 우리에게 당신의 생명을 주셨다는 사실에 의지합니다. 그리스도인은 그분의 아낌없는 내어줌, 창조를 낳는 자기희생에 붙들린 사람입니다. 참된 그리스도교 윤리는 우리가 스스로 어찌할 수 없이 다른 이들의 삶에 생명을 불어넣는 사랑을 쏟아낼 때 이루어집니다. 저명한 현대 그리스 정교회 신학자가 말했듯 윤리란 옳고 그름의 문제가 아니라 참된 현실의 길과 현실을 가리는 길 중 어떤 길을 걷느냐, 그리스도 안에서 사느냐 우리 자신을 위해 사느냐의 문제입니다.

선한 삶이란 진리 안에서 사는 삶, 참된 현실을 사는 삶, "자연법칙 안에서 타오르고 있는 불꽃"에 우리 자신을 잇대는 삶, 이 세계를 꿰뚫고 들어와 새로움을 빚어내는 그분의 활동을 맞이하는 삶입니다. 그리스도인에게 '선함'은 일정한 기준을 충족하는 것이 아닙니다. 어떤 시험에서 높은 점수를 받는 것도 아닙니다. 선함이란 경이로운 하느님의 사랑이 딱딱하게 굳은 우리의 일상과 습속을 깨뜨리게 하는 것입니다. 이 세계를 꿰뚫고, 그분께서는 예상치 못한 선물, 구유와 십자가를 통해 당신의 목적을 이루어 나가십니다.

성 바울로가 고린토 교회에 보낸 두 번째 편지에서 예루살렘 교회에 있는 궁핍한 이들을 도와주어야 한다고 주장했을 때 그는 어떤 추상적인 도덕 원리가 아니라 하느님께서 인간이 되셨다는 사실에 호소했습니다.

> 여러분은 우리 주 예수 그리스도의 은혜를 알고 있습니다. 그리스도께서는 부요하나, 여러분을 위해서 가난하게 되셨습니다. 그것은 그의 가난으로 여러분을 부요하게 하시려는 것입니다. (2고린 8:9)

그는 관계가 뒤집혀야 한다고, 궁핍한 사람이 부유하게 되고 부유한 사람이 궁핍해져야 한다고 말하지 않습니다. 오히려 그는 모든 이가 다른 모든 이에게 기여할 수 있는 상황이 일어나야 한다고, 모든 이가 다른 이에게 생명을 내어줄 수 있도록 넉넉히 자유로워야 한다고 말합니다. 물론, 물질적인 가난이 극에 달하면 존엄을 유지하기 어렵습니다. 그럼에도 불구하고 가난에 처한 무수한 사람이 기적과도 같이 존엄하게 살아갑니다. 우리가 다른 이에게 줄 수 있는 가장 위대한 선물은 그가 자유로워질 수 있게 해서 우리가 필요로 하는 것을 그가 공급할 수 있게 하는 것입니다. 사랑을 주면 사랑이 태어납니다. 그리고 그 사랑은 다시 우리에게 되돌아옵니다. 이것이 바로 세계를 움직이는 동력 기관engine의 원리입니다. 우리는 이 원리를 베들레헴에서 태어난, 힘없는 아기를 통해 봅니다. 이 사건을 통해 하느님께서는 기존에 우리가 스스로 만들어냈던 신성함, 상상했던 신성함을 과감히 해체하십니다. 우리가 볼 수 있는 하느님의 본성은 오직 당신의 모든 것을 내어주시는 활동뿐입니다.

그러니 우리가 진리 안에서, 참된 현실 안에서, 성부와 말씀이신 성자에서 내쉬어진 성령에 이끌려 살고자 한다면 우리는 그 활동을 우리의 삶으로 빚어내야 합니다. 이는 탁상공론이 아닙니다. 앞으로 1년간 영국은 G8 정상회의 의장국의 자리에 오릅니다. 재무장관은 오늘날 상황에서 영국이 이 역할을 맡은 것에 커다란 포부를 드러냈습니다. 그러나 아직도 '밀레니엄 개발 목표'Millennium Development Goals는 별다른 성과를 거두지 못했습니다. 이 더딘 걸음을 빠르게 할 방안은 매우 많습니다.

국제 금융 기금Finance Facility을 마련하는 일, 부채 감축 정책을 관철하는 일, 제약 회사들이 의약품 가격을 낮추고 빈곤 국가를 위한 배급 체계를 개선하도록 독려할 제도를 마련하는 일, 체계적인 소액 대출 제도를 개발하는 일, 새로운 농업 장려금을 준비하는 일… 아프리카 위원회Africa Commission의 출범은 여러 나라가 힘을 합쳐 공동의 문제를 해결하기 위한 노력의 첫 단추라 할 수 있습니다. 정치 세계에서 활동하는 이들, 그 외의 영역에서 활동하는 몇몇 이들이 이런저런 계획과 전망을 제시하고 있으나 이를 실현하려는 의지는 턱없이 부족해 보입니다. 일부 선진국들은 자신들이 합의한 사항에 아무런 관심도 보이지 않습니다. 물론 다른 문제들에 관심을 두기란 너무나 쉬운 일입니다. 특히 오늘날처럼 안보에 대한 뿌리 깊은 불안이 퍼져 나가고 있는 상황에서는 말이지요. 게다가 서구 사회에 있는 다양한 세력들은 이러한 경향을 부추기고 있습니다.

분명, 사람들을 살육하고 사회를 붕괴시키는 것을 목표로 하는 집단들이 그 수와 범위를 헤아릴 수 없을 만큼 널리 퍼져 있으며, 이로 인해 우리는 유례 없는 수준의 안보 불안과 이와 관련한 심각한 문제들에 직면해 있습니다. 누구도 이를 부정할 수 없으며 누구도 이를 부인하지 않습니다. 테러를 염려하는 것은 잘못이 아닙니다. 우리는 지난해 이라크에서, 오세티야에서 역겹고도 파렴치한 만행이 일어나고 있음을 충분히 보았습니다. 하지만 이 시점에서 우리는 지난가을 방송되어 많은 주목을 받은 다큐멘터리 「악몽의 힘」The Power of Nightmare에 나온 말을 기억해야 합니다.

한 사회가 아무도 믿지 않을 때 공포는 그 사회의 유일한 의제가 된다.

우리는 안전한 세상을 만들기 위해 노력하며, 이러한 노력은 계속되어야 합니다. 하지만 우리가 우리 자신을 보호하는 데만 관심을 쏟는다면, 그로 인해 우리 자신이, 그리고 다른 누군가가 분명하게, 구체적으로 원하는 바를 보지 못하게 된다면 우리는 과연 인류라는 가족에게 무엇을 기대할 수 있을까요? 하느님의 자녀가 누려야 할 자유에 관심을 쏟지 않는다면, 하느님께서 베푸신 너그러움을 나누지 않는다면 우리는 진리 안에서 산다고 할 수 없습니다.

다가오는 해에 영국은 밀레니엄 개발 목표에 담긴 꿈을 실현하기 위해 많은 일을 할 수 있습니다. 이듬해는 라이브 에이드Live Aid 콘서트* 20주년을 기념하는 해이기도 합니다. 우리가 교회의 지체로서, 한 사람의 그리스도인으로서 이러한 일들을 우리의 최우선 순위에 두면 어떨까요? 진정으로 진리 안에서 살아가고 있는지, 베들레헴의 아기가 우리에게 보여준 이 세계를 지탱하는 동력 기관에 잇대어 살고 있는지 스스로 물어야 할 때입니다. 이러한 삶은 위험을 감내하는 삶입니다. 이는 선진 세계가 무한히 번영을 구가할 수는 없음을 인정하는 것입니다. 안보를 생각할 때 우리는 생각의 초점을 맞추어 어떻게 해야 서로에게 정의와 자유를 보증함으로써 서로의 안전을 일구어낼 수

---

* 1985년 밥 겔도프Bob Geldof와 밋지 유르Midge Ure가 에티오피아 난민의 기아 문제를 해결하기 위한 자금 마련을 목적으로 개최한 대규모 공연. 대표적으로 영국의 런던에 있는 웸블리 스타디움에서 이루어졌으며 미국, 시드니, 모스크바에서도 이루어졌다.

있는지 고민해야 합니다. 우리는 이 세계에 필요한 것에 좀 더 관심을 기울여야 하며, 이를 방해하고 훼손하려는 세력에게 사랑으로 분노해야 합니다. 모든 이가 자유로이 주고받는 세계를 이루어내는 것, 이것이야말로 안보 문제에 대한 가장 확실한 해법입니다.

몇 년 전 다양한 그리스도교 지체들이 모여 부채 탕감을 지지하는 주빌리2000 캠페인을 벌였고 이는 눈에 띄는 성과를 이루어냈습니다. 다가오는 새해에도 이 나라의 그리스도교 형제자매들이 한목소리로 정부와 재정기관을 향해 정의를 실천하라고 외칠 수 있을까요? 이를 지지하고, 자발적으로 행동하고, 이를 실현하기 위한 기부에 동참할 수 있을까요? '그렇다'고 답할 수 있다면 우리는 진리 안에서 살아가는 삶으로 한 걸음 더 나아간 셈입니다. 탄생에서 부활까지 예수 생애의 모든 순간에 제한 없이 타오르는, 모든 생명이 피어나게 하는 "자연법칙 안에서 타오르고 있는 불꽃"이 우리 안에서 타오르게 될 것입니다. 예수께서 말씀하십니다.

나는 이 세상에 불을 지르러 왔다. (루가 12:49)

이 '동력실'을 들여다보면 우리는 즉각 두려움을 느끼게 될 것입니다. 당연합니다. 우리의 삶은 너무나 단단하면서도 동시에 너무나 순식간에 부서지며, 기쁨으로 가득 차 있으면서도 커다란 대가를 치러야만 합니다. 하느님의 영원하신 말씀, 모든 것의 생명 되시는 분은 충만한 은총과 진리로 바로 이 삶을 사셨습니다. 당신을 받아들이는 이들에게 그분은 자신의 생명과 더불어 살 수 있는 권리와 자유, 당신의 사랑의 불길로 온 땅을 채울 권리와 자유를 주실 것입니다.

형제 여러분, 하느님께서는 자유를 주시려고 여러분을 부르셨습니다. 그러나 그 자유를 여러분의 육정을 만족시키는 기회로 삼지 마십시오. 오히려 여러분은 사랑으로 서로 종이 되십시오.

(갈라 5:13~15)

하느님의 구원의 은총이 모든 사람에게 나타났습니다.

그 은총은 우리를 훈련해서 우리로 하여금 불경건한 생활과 세속적인 욕심을 버리게 하고 이 세상에서 정신을 차리고 바르고 경건하게 살게 해줍니다.

그리고 위대하신 하느님과 우리 구세주 예수 그리스도께서 영광스럽게 나타나실 그 복된 희망의 날을 기다리게 해줍니다.

그리스도께서는 우리를 위하여 당신의 몸을 바치셔서 우리를 모든 죄악에서 건져내시고 깨끗이 씻어주셨습니다. 그래서 우리는 그분의 백성으로서 선행에 열성을 기울이게 되었습니다. (디도 2:11~14)

04

하느님의 생명을 품은 이야기

열두 달 전인 2004년 12월 26일, 우리는 지금껏 본 것 중 가장 끔찍한 자연재해를 보았습니다. 이날은 잊을 수 없는 날이 되었습니다. 우리 마음에 이미 그 날짜와 그날의 기억이 새겨졌기 때문입니다. 우리의 삶은 아무런 특징도 없는, 무색무취한 편린들의 집적체가 아닙니다. 삶이라는 그림에는 다양한 요소가 있으며 때로는 모든 것이 뒤바뀌게 되는 사건이 일어나 그 흔적을 남기기도 합니다. 이 사건은 그 자체로 하나의 분기점이 되었습니다. 쓰나미를 직접 겪은 이들, 가족이나 가까운 이의 죽음과 부상을 경험한 이들에게 2004년 12월 26일은 인생의 잔혹한 분기점입니다. 끔찍한 불안, 갑작스러운 이별로 인한 당혹감, 그리고 분노... 하지만 이들뿐만 아니라 우리 모두에게 그날은 중대한 의미를 갖습니다. 우리의 편안한 의식 세계를 무언가가 뒤흔들었기 때문입니다. 9월 11일, 7월 7일*이 그렇듯 2004년 12월 26일은 우리네 삶이라는 풍경에, 혹은 삶이라는 지도에 분명한 흔적을 남겼습니다. 이 흔적은 결코 사라지지 않으며 우리는 이전으로 되돌아갈 수 없습니다.

 1년이라는 시간 동안 우리는 몇 번의 기념일을 만나게 됩니다. 생일, 결혼기념일 같은 개인적인 차원의 기념일도 있고 11월 5일(가이 포크스 데이), 11월 11일(종전 기념일)과 같은 공적인 차원의 기념일도 있습니다. 지난해에는 트라팔가르 해전 200주년과 제2차 세계 대전 종전 60주년을 맞이하기도 했지요. 이러한 와중에 너무나 많은 사람이 성탄절을 '실제로 일어났던 무언가를 기억'하는 기념일로 받아들이려 하지 않는다니 참 이상한 일입니다. 2000년 1월 1일에 무엇을 '기념'해야 할지, 무엇을 기억해야 할지 곤란해했던 것처럼, 성탄절에도 사람들은 무엇을 '기념'해야 할지, 무엇을 기억해야 할지 곤란해합니다. 그래서 이날이 가리키는 사건을 기억하기보다는 하루 휴일이 주어졌다는 사실에 만족하며 휴식을 취하거나 파티를 벌이는 쪽을 택합니다. 뉴스에서는 사람들이 성탄절을 단조롭고 공허한 파티로 바꾸는 모습을 보여줍니다. 여기에 담긴 메시지는 대체로 이렇습니다.

---

* 2005년 런던 폭탄 테러가 일어난 날이다.

삶을 선택하라

"성탄절이 가리키는 사건, 그 이야기를 기억할 필요는 없잖아요. 중요한 건 이 세계에 무엇이 일어났느냐가 아니라 한 해가 지나가고 또 다른 해가 온다는 것이죠. 춥고 어두운 이 시기 한 해를 잘 정리하고 따뜻하고 밝은 봄을 맞이해야죠."

여기서 강조점은 계절의 순환에 있습니다. 가장 계몽되고 진전된 문명을 갖추고 있다는 서구 세계가 석기 시대 동굴에 살던 사람의 사고방식을 보여주는 모습은 괴이하기 짝이 없습니다.

그렇다면 이날 우리는 정확히 무엇을 기념하고 기억해야 할까요? 들으면 마음이 따뜻해지는 한 연약한 아기의 탄생 이야기일까요? 그런 이야기는 무수히 많고, 꼭 이날 기억해야 하는 것도 아닙니다. 베들레헴에서 아기가 태어난 사건이 특별한 이유는 무엇입니까? 왜 이 이야기가 온 세상에 있는 모든 이야기 중에서도 가장 중요한 이야기라고 말하는 것일까요? 그리스도교인이라면 하느님께서 한 인간으로서 살기 시작한 순간을 이 이야기가 담고 있다고, 이 삶이 우리를 구속하는 십자가에서의 죽음과 변혁하는 부활로 이어졌다고 공들여 이야기할 것입니다. 하지만, 이러한 대답은 유보해둡시다. 그리스도교 신앙을 갖고 있지 않거나 그리스도교 신앙을 가질지 말지를 고민하는 이들도 이 이야기를 기억해야 하는 이유는 무엇일까요? 2,000년이 지난 후에도 우리가 기억해야 할 만큼(혹은 애써 외면해야 할 만큼) 역사에서 이 이야기는 어떤 유의미한 변화를 빚어냈을까요?

악몽과도 같은 현대 전체주의 체제 아래에서 20세기의 위대한 문학 작품 『닥터 지바고』Dr Zhivago를 쓴 소설가 보리스 파스테르나크Boris Pasternak는 소설 속 인물의 말을 빌려 말했습니다.

> 우리에게 필요한 모든 것이 복음서에 담겨 있다. 첫 번째는 이웃에 대한 사랑. 이는 사람을 살게 하는 에너지 중 최고의 형태다. 이 사랑은 인간의 마음을 가득 채우고 넘쳐흐르며 퍼져 나아간다. 두 번째는 현대인을 구성하는 두 가지 핵심 요소인 자유로운 인격성이라는 관념과 희생으로서의 삶에 대한 관념이다. 오늘날에는 이 두 관념 없이 인간을 상상할 수 없다.*

이 작품은 한 장 한 장 넘길 때마다 읽는 이에게 전율을 일으킵니다. 소설에서 그는 자신에게 침묵과 순응을 강요하는 스탈린 체제에 맞서 싸우게 한 희망의 원천, 희망의 핵심으로 돌아갑니다.

> 무언가 세상이 바뀌었다. 로마가 종말을 고했다. 숫자의 통치가 종말을 고했다. … 한 인간의 삶을 다룬 이야기가 하느님의 생명을 품은 이야기가 되었다. 이 이야기가 온 세계를 가득 채웠다.

무엇이 바뀌었습니까? 『닥터 지바고』에 나오는 한 인물은 "로마가 종

---

* Boris Leonidovich Pasternak, *Doctor Zhivago* (London: Collins and Harvill Press, 1958). 『닥터 지바고』 (열린책들)

말을 고했다"고 말합니다. 그리스도께서는 우리가 상상할 수 없는 사회에서 태어나셨습니다. 모든 생명이 신성하다는 생각은 당시 사람들로서는 전혀 상상할 수 없는 일이었습니다. 당시 어떤 사람은 태어나자마자 죽음을 맞이해야 했습니다. 어떤 지역의 사람들은 아이가 장애를 갖고 태어나거나 여자아이면 산비탈에 버려 굶어 죽거나 얼어 죽게 했습니다. 노예 신분을 갖고 있던 사람이 세상을 사는 유일한 목적은 주인의 일시적인 욕망을 충족하는 것이었습니다. 외국인이나 외부인은 사실상 인간으로 취급받지 않았습니다. 검투사들은 대중의 유흥을 위해 남을 죽이거나 남에게 죽임을 당해야 했습니다. 분명, 첫 번째 성탄 이후에도 이러한 상황은 크게 달라지지 않았습니다. 저 일들이 그저 과거에 있었던 일들이라며 안주할 여유가 우리에게는 없습니다. 많은 나라에서는 높은 낙태율을 보입니다. 과연 그 나라들이 저 과거와 전혀 다르다고 말할 수 있을까요? 다른 윤리적 행위들로 이를 덮을 수 있을까요? 도처에 있는, 극심한 가난에 허덕이고 있는 이들은 사실상 노예 상태에 있는 것 아닙니까? 문명화되었다지만 우리는 또다시 몇몇 국가가 고문을 행했고, 이를 허용해야 한다는 목소리가 나왔다는 소식을 접합니다. 분명, 우리는 로마 시절 인류가 행했던 비인간적인 행위를 완전히 벗어나지 못했습니다. 다만 달라진 것은 유럽과 중동 지방에서 오랜 시간에 걸쳐 형성된 관념, 도덕적인 주류가 된 가치에 도전하지 않고서는 누구도 이러한 행위들을 당연한 것으로 여기지 못한다는 것입니다.

구유에 놓인 아기에 관해 그리스도교 교리가 전하는 이야기를 우리 중 누군가는 믿을 것이고, 누군가는 믿지 않을 것입니다. 하지만 우리가 의식하고 있든 의식하고 있지 않든 간에 우리는 모두 예수 그리스도가 가능케 만든 틀을 따라 인간 세계를 보고 있습니다(이는 그리스도교 교리를 거부하기 전에 이를 한 번 더 숙고해 보아야 할 좋은 근거가 됩니다). 하나의 이상理想이 이 세계에 제시되었으며 세계는 이 이상을 몰아내지 못합니다. 우리는 담대하게, 그리고 마땅히 어떻게 민주주의와 책임, 양심과 자유라는 이념이 등장했는지, 왜 그 이전으로 시계를 되돌릴 수 없는지를 말해야 합니다. 누구도 이를 생각해내지 못했습니다. 심지어 우리 안에서도 이러한 가치들과 생각은 스스로 떠올릴 수 있는 깨달음이 아닙니다. 진실, 그리고 사실을 말씀드리자면 저 이념들을 궁극적으로 가능케 한 사건, 로마가 종말을 고하게 한 사건, 물음이 없던 시대, 비인간적인 제국의 시대, 모두가 불안에 떤 채 잠이 들어야 했던 대량 학살의 시대에 종지부를 찍은 사건이 바로 성탄의 사건, 성육신 사건입니다.

오늘날에도 우리는 저 고대 세계에 일어난 일들에 관해 '그럴 만한 이유가 있었을지 모른다'는 은밀한 속삭임을 듣습니다. 모든 인간이 존엄하다는 생각, 잔학한 폭력 행위가 절대적으로 잘못되었다는 생각은 그럴싸한 생각이기는 하나 이 복잡한 세계에서 실현되기란 어려운 일이라는 이야기를 듣습니다. 하느님, 우리를 용서하소서. 우리가 성탄 이야기와 그 이야기가 가능케 한 새로운 인간성의 도래, 로마의 종말을 잊어버린다면 우리의 나태한 마음, 자기에게 집착하는 마음 안에서 언제든 저 고대 세계는 슬그머니 되살아날 것입니다.

    그러나 저는 우리가 이 사실을 완전히 잊어버릴 수 있다고 믿지 않습니다. 오늘날 독재 국가들이 성탄 이야기를 사람들의 기억에서 지우려 애쓸 때, 저 이야기에 관한 기억은 은밀히, 그러나 결연히, 완강하게, 체제를 거스르며 자신을 드러냈습니다. 진실로 예수가 태어났고 살았으며 죽었고 부활했다면, 모든 것은 이미 바뀌었습니다. 해가 떴을지라도 우리는 해가 떴다는 사실을 부정할 수 있습니다. 그러기를 원한다면, 눈을 질끈 감는다면 말입니다. 그러나 해는 이미 떴고 모든 면에서 풍경은 바뀌었습니다. 오늘날에도 많은 사람이 예수와 함께함으로써 다르게 사는 길이 있음을, 그렇게 살아갈 수 있음을 발견하고 있습니다.

    몇 주 전, 살해된 리버풀의 청소년 앤서니 워커Anthony Walker의 어머니 지 워커Gee Walker는 우리에게 그것이 가능함을 보여주었습니다. 그녀는 자기 아들을 살해한 이를 용서한다고 말했습니다. 물론 동시에 그녀는 여전히 자신의 마음이 산산이 조각나 있다고 말했습니다. 이 일이 우리에게 강렬함과 감동을 불러일으키는 이유는 그녀가 그토록 극심한 고통과 괴로움 가운데서도 자신을 잃지 않았기 때문입니다. 그녀에게 용서란 자신을 잃지 않는다는 표현이었습니다. 살해자를 용서하는 것이 전적으로 자신에게 달려 있음을 깨닫지 못했다면 그녀는 자기 자신으로 남아있지 못했을 것입니다. 그녀가 살해자를 용서하지 않았다면 그녀의 삶과 살해당한 아들의 삶은 아무런 의미도 없게 되었을 것입니다. 여기서는 어떤 잘못한 일에 대한 변명도, 중대한 사건을 하찮게 만들려는 시도도 찾아볼 수 없습니다. 오직 자비만이 있을 뿐입니다. 어떠한 설교자도 저 순간에 그녀처럼 자신의 말을 온전히 진실하고 값진, 반드시 말해져야 할 말로 만들 수는 없었을 것입니다.

지난주, 4월 어떤 사람의 칼에 찔려 마비가 된 애비게일 위첼Abigail Witchall의 어머니는 애비게일을 공격한 사람이 자살로 생을 마감한 일에 대해 슬픔을 담아 글을 남겼습니다. "그의 죽음은 이 이야기에서 정말 비극적인 일입니다." 그녀는 딸이 겪은 끔찍한 시련을 가벼이 여긴 게 아닙니다. 그리고 이 사건에 얽혀 있는 복잡한 악을 부정하는 것도 아닙니다. 다만 그녀는 자신의 마음에 다른 누군가의 두려움과 고통을 위한 자리를 마련했을 뿐입니다.

이러한 삶들이 있기에, 우리는 베들레헴에서 일어난 일을 기억할 수 있습니다. 이러한 삶들이 있기에, 차가운 바람이 부는 계절, 너무나도 구체적으로 예수가 이 세상에 만들어낸 차이가 무엇인지를 알고 있으면서도 가벼운 호의와 순간적인 여흥으로 이 기념일을 덮으려는 시도에 우리는 저항할 수 있습니다. 이를 행하는 것은 결코 편안하지 않으며 쉽지도 않습니다. 그러나 이러한 일들은 한데 모여 기적과도 같은 사랑이 가능하다고(이 말을 우리는 해야 합니다) 끈질기게 말합니다. 어느 찬송가 가사에 있듯 "도저히 용납할 수 없는 범죄자조차" 이제는 사랑이 담긴 관심과 긍휼을 받습니다. 어떠한 생명도 사랑이 펼쳐내는 궤도에서 벗어날 수 없습니다. 숫자의 제국, 이해득실을 따지는 제국, 대중 운동, 대다수가 관심하는 바를 하느님께서 뒤집어엎으셨기 때문입니다.

한 인간의 삶을 다룬 이야기가 하느님의 생명을 품은 이야기가 되었다.
이 이야기가 온 세계를 가득 채웠다.

이날을 기억하십시오. 이날은 새로운 창조가 시작된 날입니다.

당신들은 모든 민족 가운데서 수가 가장 적은 민족입니다.

그런데도 주님께서는 당신들을 사랑하시기 때문에, 당신들 조상에게 맹세하신 그 약속을 지키시려고, 강한 손으로 당신들을 이집트 왕 바로의 손에서 건져내시고, 그 종살이하던 집에서 이끌어 내어 주신 것입니다.

그러므로 당신들은 주 당신들의 하느님이 참 하느님이시며 신실하신 하느님이심을 알아야 합니다. … 한결같은 사랑을 베푸시는 신실하신 하느님이심을 알아야 합니다. (신명 7:7~9)

05

가장 가난한 이에게 가장 좋은 것을

주 우리 하느님과 같은 이가 어디에 있으랴?

높은 곳에 계시지만 스스로 낮추셔서,

하늘과 땅을 두루 살피시고,

가난한 사람을 티끌에서 일으키시며

궁핍한 사람을 거름더미에서 들어올리셔서,

귀한 이들과 한자리에 앉게 하시며 백성의 귀한 이들과 함께 앉게 하시고,

아이를 낳지 못하는 여인조차도 한 집에서 떳떳하게 살게 하시며,

많은 아이들을 거느리고 즐거워하는 어머니가 되게 하신다. 할렐루야.

(시편 113:5~9)

사흘 전 베들레헴에서 저는 갓 태어난 아기를 두 팔로 안았습니다. 그 남자 아기는 어머니에게 버림받은 아기였습니다. 아기는 길가에서 발견되어 성 빈센트 보육원으로 갔고 다시 성가족 병원으로 가게 되었습니다. 병원에는 이 아기 외에도 어머니에게 버림받은 수십 명의 아기가 있었습니다. 많은 경우 이 아이들은 가부장적이고 금욕주의적인 분위기가 만연한 사회에서 미혼모가 낳은 아이들입니다. 보육원과 병원을 방문하면서 저는 이뿐 아니라 이 지역에 커다란 문제들이 산적해 있음을 알게 되었습니다.

성가족 병원에는 요르단강 서안西岸 지구를 통틀어 가장 잘 갖춰진 산부인과가 있습니다. 이 산부인과의 시설은 이스라엘의 가장 좋은 병원과 견줄만합니다. 저는 머피 오코너Murphy O'Connor 추기경, 침례교회 연합의 데이비드 코피David Coffey, 아르메니아 정교회의 네이슨Nathan 주교 등 함께하는 잉글랜드 교회Churches Together in England 회원 교회 대표들과 함께 베들레헴을 순례하고 있었습니다. 훌륭한 담당자의 배려 덕분에 집중 치료 시설ICU에 방문해 임신 25주 만에 태어나 생존한 아기들을 보는 특별한 기회를 얻었습니다. 팔레스타인 지역에서 일어나고 있는 정치 갈등의 폭풍에 휘말려서, 팔레스타인 정부에 대한 국제 사회의 여러 제재 때문에 병원 직원들은 대부분 다음 달 임금이 나올지 안 나올지조차 알지 못하는 가운데 일하고 있었습니다. 현재 병원에서 최신 장비를 마련하기 위해서는 외국에서 보내 준 원조금에 전적으로 의지해야 합니다. 신생아 집중 치료 시설에서 한 아이의 생명을 유지하기 위해서는 매일 최소 수백 달러가 들지만 이를 지원하는 정부 예산은 전무합니다. 재정적으로나, 조직적으로나 아무것도 기대할 수 없고 아무런 대비책도 없는 상황에서 성가족 병원 직원들은 영국에 있는 병원도 찬탄할 만한 수준의 의료 활동을 펼치고 있었습니다. 여러 헌신이 이어져 기적을 만들어내고 있었습니다.

그중에서도 인상적이었던 것은 집중 치료 병동에서 인큐베이터를 보고 있을 때 병원장인 로버트 타바쉬Robert Tabash(저는 오늘 그의 이름을 언급하겠다고 약속했습니다. 이것은 제가 그분에게 드릴 수 있는, 그분이 받아 마땅한 최소한의 영예입니다)가 한 말이었습니다. 그는 말했습니다.

> 이 모든 시설이 있어야 하는 이유, 치료 활동을 해야 하는 이유는 단순합니다.
> 가장 가난한 자가 가장 좋은 것을 받아야 마땅하기 때문입니다.

그가 던진 이 말 한마디는 제 뇌리에 깊게 남았습니다(저는 함께 있던 동료들도 마찬가지였으리라고 확신합니다). "가장 가난한 자가 가장 좋은 것을 받아야 마땅하다." 혁명과도 같은 말입니다. 현실을 떠올려보십시오. 실제로 극심한 가난에 처한 이들은 부유한 이들이 잔뜩 먹고 마신 뒤 흘린 부스러기조차 먹지 못합니다. 이 사회가 피해를 최소화하려는 대책의 일환으로 편성한 한정된 예산의 대상에서도 제외되기 일쑤입니다. 대다수 사람은 이런 상황에 처한 이들이 '가장 좋은 것을 받아야 마땅하다'고 생각하지 않습니다. 오히려 사람들은 그들이 처한 상황은 그들이 한 행동의 결과이기 때문에 가장 좋은 것을 받을만한 가치가 없다고 여깁니다. 그러나 그들은 가장 좋은 것을 받아야 마땅합니다. 그들에게 필요한 것은 가장 좋은 것입니다. 이는 인간의 존엄성을 지키기 위해 없어서는 안 될 것이며, 우리에게 주어진 가장 중요한 일은 저 존엄성이 가장 흐릿해진 곳에서 이를 회복해내는 것입니다. 그리고, 있는 그대로 말하자면, 이것이야말로 성육신 사건이 이 세상에 가져온 진정으로 새로운, 그리고 특별한 것입니다.

예수 그리스도에 관한 복음은 우리에게 말합니다. 하느님의 살림살이는 가장 결핍된 곳에서 풍요로움을 일구는 방식으로, 풍요로움이 넘치게 하는 방식으로 일어난다고 말이지요. 인간의 존엄성이 가장 흐릿해진 곳에서 은총은 넘쳐흐르며, 거대한 불길로 타오르며 뒤틀린 균형을 바로잡습니다. 구약성서의 널리 알려진 구절에서 하느님께서는 당신의 백성에게 그들을 선택한 이유는 그들이 가장 연약하고, 가장 무력한 공동체이며, 노예이자 추방된 이들이기 때문이라고 말씀하십니다. 성 바울로는 고린토에 있는 그리스도교로 개종한 이들에게 보낸 첫 번째 편지에서 언제나 그랬듯 능숙한 말투로 그들이 이 세상의 쓰레기, 만물의 찌꺼기를 대표함을 상기시킵니다. 그리고 베들레헴에서 태어난 한 사람은 당대 가장 번영을 누리며 의로움을 뽐내던 이들을 향해 자신만 건사하려고 발버둥치는 자들이라 말합니다.

가장 가난한 자가 가장 좋은 것을 받아야 마땅합니다. 물론 가난은 다양한 모습을 갖고 있습니다. 예수께서는 이 점을 분명히 알고 계셨습니다. 복음서는 놀랍도록 간결한 언어로 각기 다른 공동체들이 겪는 각기 다른 '가난'과, 이익과 우선권을 두고 갈등을 벌이는 상황들의 복잡다단함을 다룹니다. 오늘날 세계에서 이를 가장 극명하게 보여주는 곳은 바로 성지Holy Land입니다. 유럽에 사는 이라면 이스라엘이라는 국가가 존재하는 것이 서구 강대국들이 마지막 대전을 치른 후 유대인들이 가장 좋은 것을 받아야 마땅하다고 결정했기 때문임을 잊을 수 없고 잊어서도 안 됩니다. 그들의 문화, 그들의 역사, 그들의 삶은 그들이 아닌 다른 사람은 상상할 수 없을 정도로 유린당했습니다.

고국을 가질 수 없을 만큼 가난에 처한 이들, 다른 나라들의 틈바구니에서 환영받지 못한 채 수백 년을 살아야 했던 이들, 악몽과도 같은 살해가 시작되었을 때 적이 들어오지 못하게 막고 닫을 수 있는 문조차 갖지 못한 이들을 위해서 무엇을 행해야 했을까요? 오늘날, 번영한 이스라엘 정부라는, 이름만큼은 번듯하게 있는 '정상'이라는 문 뒤에는 이러한 가난의 그림자가 드리워져 있습니다. 그리고 이는 그 어느 때보다 더 쓰라린 마음을 불러일으킵니다.

보안 장벽이 그어 놓은 국경을 넘어가면 우리는 또 다른 가난과 마주하게 됩니다. 60%의 실업률, 무급으로 일하는 교사들과 간호사들, 장벽 때문에 자기 농장과 올리브밭을 둘러볼 수 없는 이들... 여기에 '정상'이란 없습니다. 팔레스타인의 모든 젊은이는 자신이 태어난 이곳에 남아 자기 민족을 섬기려 몸과 마음을 쏟아붓습니다. 그러나 쌓이는 것은 분노뿐 망가진 이들의 삶은 나아지지 않습니다. 이는 절망에 찬, 폭력적인 정치 행동으로 이어집니다.

　가장 가난한 자가 가장 좋은 것을 받아야 마땅합니다. 그렇다면 우리는 누구를 도와야만 할까요? 정치 상황이 어떠한지는 생각지 마십시오. 누구를 먼저 도와야 할지 우선순위를 정한다면 이내 우리는 우리가 누구와 맞서야 하는지도 정해야 할 것입니다. 그리고 이는 의심할 여지 없이 또 다른 가난과 분노, 비통의 굴레를 만들어낼 것입니다.

　성지를 향한 순례 중 목도한 가장 무참한 현실은 두 주요 공동체 모두, 둘 사이에서 일어난 문제를 해결할 방안이 있다고 전혀 생각하지 않는다는 것이었습니다. 그러니 잠시 한 발짝 떨어져서 물어봅시다. '성지에 있는 양 공동체는 우리에게 무엇을 바랄까?' 여기서 '우리'는 국제 사회라는 추상적 개념이 아니라 바로 여러분과 저를 가리킵니다. 두 공동체 모두 가장 좋은 것을 받아야 마땅합니다. 이러한 상황에서 우리가 그들에게 줄 수 있는 가장 좋은 것은 무엇일까요? 먼저 우리가 해야 할 일은 그들과 우리의 우정을 확약하는 것입니다. 가서 보십시오. 가서 귀 기울이십시오. 그들이 알게 합시다. 이스라엘 사람과 팔레스타인 사람 모두에게, 우리가 그들의 목소리에 귀 기울이고 있으며 그들을 잊지 않겠다고 말해줍시다. 두 공동체는 나름의 이유로, 서로 다른 방식으로, 세계가 다른 곳에 눈을 돌리고 미래에 또다시 현재 갖고 있는 최소한의 터전조차 잃게 되지 않을까 두려워합니다. 새로운 미래를 열기 위한 신뢰의 첫 단추는 이 세계에 있는 동료 인간들이 그들에 대한 관심을 거두려 하지 않음을, 아무런 일도 일어나지 않았던 것처럼 행세하지 않으려 애쓰고 있음을 보여주는 것입니다. 이는 대단한 일처럼 들리지는 않을지 모릅니다. 그러나 이것은 우리 모두에게 열려 있으며 우리 모두는 이를 할 수 있습니다. 양 공동체에게 물어야 하나 그들 앞에 끄집어내기 힘든 물음들, 즉 무고한 이들을 죽인 일, 서로의 존엄성을 훼손한 일, 서로의 자유를 잔혹하게 파괴한 일에 대한 책임을 묻는 것은 우정을 나누지 않고서는 불가능합니다.

거듭 말씀드리지만, 이것은 우리 모두에게 열려 있습니다. 그리고 당신이 그리스도인이라면 이를 반드시 해야만 합니다. '가장 가난한 사람이 가장 좋은 것을 받아야 마땅하다'는 말은 성탄과 그 날의 복된 소식이 우리에게 가장 분명하게 전하는 내용 중 하나입니다. 성지에서 일어나고 있는 일은 머나먼 이국에 있는 야만인들끼리 벌이고 있는 비극이 아닙니다. 성지에서 일어나고 있는 비극적인 일들은 개인의 차원에서나 집단의 차원에서나 온 인류의 삶을 불구로 만드는 근원적인 비극을 가리킵니다. 우리는 우리를 파괴할지 모르는 무언가에게서 우리 자신을 보호한다는 이유를 들어 장벽을 세웁니다. 그러나 이 벽은 우리를 그 안에 가두어 놓습니다. 공포와 위협에 맞서는 인간의 모든 해법은 또 다른 공포와 위협을 만들어냅니다. 그 벽이 보안 장벽이든, 핵탄두를 실은 탄도 미사일이든, 서로 안전한 거리를 두고 떨어져 있게 하는 전술이든, 모든 벽에는 그림자가 드리우기 마련입니다. 방어는 그 자체로 실제로 있는 적이나 상상이 만들어낸 적만큼이나 우리에게 끔찍한 일을 불러옵니다.

인류는 온갖 가난으로 고통을 겪습니다. 이때 가난은 때로는 윤리의식의 부재일 수도 있고 상상력의 결핍일 수도 있습니다. 둘은 서로 맞물려 비슷한 형태의 공포와 폭력을 끊임없이 재생산해냅니다. 아름다운 성탄 찬송 「저 위에서 내려온 진리」the truth sent from above는 인류의 역사를 파멸의 과정으로 노래합니다.

>아담과 하와는 모든 것을, 너와 나 모두를, 모든 후세를 파멸시켰네.
>우리는 끝나지 않는 불행을 상속받았다네.

우리는 가산家産을 탕진했습니다. 우리가 알든 알지 못하든 우리 인류는 물려받은 유산과 인간으로서 타고난 권리를 잃어버렸습니다. 우리는 영광을 위해, 하느님의 자녀가 되는 존엄한 존재로 자유롭게 사랑과 기쁨을 누리기 위해 태어났으나 장부는 적자 상태이고 자산은 묶여 있습니다. 우리는 우리의 미래를 위해 남아있는 것이 무엇인지 알지 못합니다.

>우리는 끝나지 않는 불행을 상속받았다네.
>주 하느님께서 몸소 찾아오실 때까지.

하느님의 눈에는 가장 가난한 자가 가장 좋은 것을 받아야 마땅합니다. 그럴 만한 자격이 있어서가 아닙니다. 우리가 무언가를 갖고 있기 때문이 아닙니다. 모든 사람이 그것이 옳고 적절한 일이라고 생각하기 때문도 아닙니다. 가장 가난한 자가 가장 좋은 것을 받아야 하는 이유는 하느님께서 우리 인간이 처한 비극의 심연을 살피시고 당신의 능력과 영광이 저 어두운 곳, 그 파멸의 심연에서 흘러넘치게 하셨기 때문입니다.

우리 중 누구도, 법을 잘 지키며 경건한 삶을 살고 있다고 자부하는 사람이라 할지라도, 실제로는 자기 자신조차 제대로 건사하지 못합니다. 예수께서는 자신이 존중할 만한 가치가 없는 이들과 함께 시간을 보낸다고 불평하던 이른바 '존경받는 이들'을 책망하시며 그들을 일깨우셨습니다. 자기 자신의 '가난'을 정직하게 대면하면 존중할 만한 가치가 없는 이들을 긍휼로 대할 수 있다고 말이지요. 우리는 우리 자신의 존엄성을 훼손했고 우리가 받은 유산을 탕진했습니다. 그러나 하느님께서는 당신의 거룩하고 영광된 백성에게 주신 은총의 찌꺼기를 우리에게 주시지 않습니다. 그분은 연말, 남은 예산에서 나오는 여분의 돈을 찾지 않으십니다. 그분은 우리에게 가장 좋은 것을 주십니다. 하느님께서는 당신 자신을, 당신의 생명을, 당신의 존재를 그의 영원한 아들과 말씀을 통해 우리에게 주십니다. 그분은 예수를 이 세상에 보내시고, 살게 하시고, 죽게 하시고, 다시 살게 하심으로써 성령 안에서 당신과 온전한 교제를 누리도록 우리를 부르십니다. 그분은 우리가 당신의 관심과 절박함을 갖게 하시고 인간의 존엄성이 가장 위협받는 곳에 우리를 보내십니다. 그리하여 풍요로운 사랑이 그곳에서 흘러넘치게 하십니다.

가장 가난한 자가 가장 좋은 것을 받아야 마땅합니다. 우리의 세계, 국가는 그러한 원리를 따라 세워지지 않았습니다. 그렇기에 우리의 힘으로는 앞으로도 이러한 원리를 이 땅에서 이루어낼 수 없을 것입니다. 그러나 진리는 바뀌지 않습니다. "저 위에서 내려온 진리", 우리가 스스로 벌이는 총체적인 파멸과 하느님께서 벌이시는 충만한 회복에 관한 진리, 인류 가족이 직면한 수많은 가난과 직면했을 때 우리가 행해야 할 진리는 결코 변하지 않습니다. 우리는 너무나도 쉽게, 사랑은 사랑을 받을 만한 대상에게 해야 한다고, 도움은 이익과 성취를 따라 이루어져야 한다는 생각에 빠집니다. 그러나 하느님께서는 그렇게 생각하지 않으십니다.

지난 금요일 안고 있던 그 아이에게서 제가 얻은 이익은 아무것도 없었습니다. 그 아이를 안았다고 해서 특별한 성취감을 느낀 것도 아닙니다. 아기는 아무것도 갖고 있지 않았고 무력했습니다. 하지만 바로 그렇기 때문에 그 아기는 가장 좋은 것을 받아야 마땅합니다. 그리스도인들은 긴긴 시간 성탄절에 아무것도 갖고 있지 않았고 무력했던 베들레헴의 아기를 찬미했습니다. 성탄절이 되면, 우리도 그 아기를 고이 안아 부드럽게 흔들어주고 따스하게 보살핍니다. 이 아기, 아무것도 갖고 있지 않고 무력하기 그지없는 아기가 바로 우리를, 무력한 아이들을, 파멸의 위기에 처한 우리를 택해 당신이 줄 수 있는 모든 것을 주겠다고 약속하신 예수 그리스도이십니다. 이것이 성육신 사건에 담긴 위대한 신비이자 이 사건을 통해 우리가 얻을 수 있는 진정한 기쁨과 충격입니다. 그분은 모든 것을 주시며 우리를 자라게 하시고 우리를 보내셔서 그분의 이름으로 모든 이에게 그분이 하셨던 것과 같은 약속을 하게 하십니다. 어떠한 갈등이 있는 곳이든, 어떠한 죄를 지은 사람이든 말입니다. 모든 이에게 그분은 하느님의 자녀가 되는 권세를 주십니다. 그의 온전함으로 우리는 모두 은총 위에 은총을 받습니다.

할렐루야! 주 우리 하느님 전능하신 분께서 다스리신다.
기뻐하고 즐거워하며 하느님께 영광을 드리자.
어린 양의 혼인 날이 되었다. 그분의 신부는 몸단장을 끝냈고,
하느님의 허락으로 빛나고 깨끗한 모시옷을 입게 되었다.

(묵시 19:6~8)

06

하늘과 땅의 결혼식

여러분이 주님께서 원하시는 생활을 함으로써 언제나 주님을 기쁘게 해드리고 온갖 좋은 일을 행하여 열매를 맺으며 하느님을 더욱 잘 알게 되기를 바랍니다. 또 우리는 여러분이 하느님의 영광스러운 권능으로부터 오는 온갖 힘을 받아 강하여져서 모든 일을 참고 견딜 수 있게 되기를 바랍니다. 그리고 기쁜 마음으로 아버지께 감사를 드릴 수 있게 되기를 바랍니다. 아버지께서는 성도들이 광명의 나라에서 받을 상속에 참여할 자격을 우리에게 주셨습니다. 아버지께서는 우리를 흑암의 권세에서 건져내시어 당신의 사랑하시는 아들의 나라로 옮겨주셨습니다. 우리는 그 아들로 말미암아 죄를 용서받고 속박에서 풀려났습니다. 그리스도께서는 보이지 않는 하느님의 형상이시며 만물에 앞서 태어나신 분이십니다. 그것은 하늘과 땅에 있는 만물, 곧 보이는 것은 물론이고 왕권과 주권과 권세와 세력의 여러 천신들과 같은 보이지 않는 것까지도 모두 그분을 통해서 창조되었기 때문입니다. 만물은 그분을 통해서 그리고 그분을 위해서 창조되었습니다. (골로 1:10-16)

열하루 전인 12월 14일은 16세기 스페인의 성인, 십자가의 요한 축일이었습니다. 그는 지난 1,000년의 그리스도교 역사에서 가장 위대한 신비주의 저술가입니다. 그는 당대 수도 생활을 개혁하고 단순화하기 위해 애썼을 뿐 아니라 환상, 방종, 쉬운 답에서 그리스도교인의 내면을 정화하기 위해 여러 활동을 벌였습니다. 그에 관해 들어본 적이 있는 분이라면 그리스도교 사상사에 그가 남긴 대표적인 흔적, 그리스도를 따르는 길에 찾아오는 시련의 시간에 관한 그의 표현인 '영혼의 어두운 밤'이라는 말도 들어본 적이 있을 겁니다.

십자가의 요한은 인간에게 가차 없는 칼을 들이댄 분석가입니다. 그는 우리가 참된 것보다는 덜 떨어진 무언가에 안주하며 하느님의 진리와 은총을 우리가 괜찮다고 여기는 것, 우리가 편안하다고 느끼는 것과 혼동한다고, 그리하여 하느님께서 우리에게 주기를 원하시는 참된 기쁨에 마음을 여는 것을 스스로 가로막는다고 진단합니다. 난해한 데다 우리를 비난하는 것 같아 곤혹스럽기까지 합니다. 이를 선뜻 받아들이기 어렵다면, 크리스마스 저녁에 놀고먹는 파티에 가려는 한 사람의 마음속을 상상해 보십시오. 하지만 그는 몇몇 시를 통해 성육신 사건이 지닌 기쁨의 본성에 관해 숨이 멎을 만큼 상상력이 풍부한 비전을 남긴 시인이기도 합니다. 그렇게 함으로써 그는 기도하며 증인이 되는 삶 가운데 일어나는 갈등과 불신을 잘 분석해냈고, 이는 지금까지도 우리에게 큰 영향을 주며 회자됩니다.

그는 스페인어를 사용한 시인 중 가장 위대한 시인으로 꼽힙니다. 그는 자신이 가진 천재성의 일부를 당시 대중에게 널리 알려진 낭만시와 민요에서 흔히 쓰는 요소들과 운율을 활용해 성서에 담긴 하느님과 피조물의 사랑의 관계를 그리는 데 할애했습니다. 이렇게 나온 시를 사람들은 보통 '로망스'라고 부릅니다. 로망스는 총 75연으로, 그리고 한 연은 네 개의 짧은 문장으로 이루어져 있는데 매우 간결한 문체로 태초부터 첫 번째 성탄까지 세계에서 일어난 이야기를 전합니다. 그는 대담하게도 이 이야기를 하느님의 관점으로 풀어냅니다. 시는 서정 이야기romantic ballad처럼 시작합니다. "옛날 옛적" 하느님께서는 하늘에 영원히 살고 계셨습니다. 성부와 성자, 성령 하느님으로, 그들 사이에서 끊임없이 흐르는 완전한 사랑과 함께 말이지요. 넘쳐흐르는 그분의 사랑의 힘으로 인해, 성부 하느님은 당신의 성자를 위한 '신부'를 창조하기로 결심하십니다. 이 장면은 강렬하고도 직접적입니다.

창조된 존재가 있으라.

성부 하느님께서 말씀하셨다.

그녀는 우리와 한 식탁에 앉아

내가 먹는 것과 같은 빵을 먹을 것이다.

그런 뒤 하느님께서는 신부를 위한 집으로 세계를 창조하십니다. 여기서 신부는 누구일까요? 사랑하고 이해하는 능력을 갖춘 모든 존재, 천사와 인류입니다. 이 세계가 품고 있는 풍성한 다양성을 통해 하느님께서는 그들이 당신과 함께할 때 그 영향을 온전히 받을 수 있을 때까지 사랑과 지성이 성장할 수 있는 환경을 일구십니다. 이제 세계는 하느님께서 내려오셔서, (앞에서 나온 장면을 아름답게 뒤집으며) 창조된 존재들과 한 식탁에 앉아 그들이 먹는 것과 같은 빵을 드실 그 순간을 기다립니다.

땅에서 시간이 흐름에 따라 그 순간이 도래하기를 바라는 갈망은 점점 더 커지고 깊어갑니다. 그리고 마침내 성부 하느님은 성자에게 땅에서 신부와 얼굴을 맞대고 만날 때가 되었다고, 그녀를 직접 봤을 때 그녀가 그와의 닮음을 드러낼 수 있도록 해야겠다고 말씀하십니다. 하느님께서 인간이 되셨을 때, 인류는 그의 얼굴에서, 예수의 얼굴에서 자신의 참된 본성과 운명을 발견할 것입니다. 베들레헴에서 결혼식이 열리고 천사들은 하늘과 땅의 결혼을 노래합니다. 시만이 그려낼 수 있는 위대한 장면이 펼쳐집니다. 한 번 읽으면 잊어버릴 수 없는 마지막 연에서 인류는 하느님께서 기뻐하심을 느낍니다. 이 장면에서 울고 있는 유일한 존재는 아기, 육신을 입은 하느님이십니다. 시는 노래합니다.

하느님 안에 있는 인간의 눈물

인간 안에 있는 기쁨

슬픔과 기쁨은 그토록 서로에게 낯선 존재였다네.

십자가의 요한은 이러한 방식으로 창조와 구속의 이야기, 하느님의 관점에서 쓴 이야기를 그립니다. 여기에는 오늘날 우리의 생각과 기도와 관련해 두 가지 생각해 볼 만한 지점이 있습니다. 첫 번째는 그리스도의 오심이 인간의 위기에 대한 첫 번째, 가장 중요한 응답이 아니라는 것입니다. 이는 십자가의 요한이 쓴 시에서 발견되는 가장 낯선 면모입니다. 창조와 구속을 다룬 연작시들에서 그는 죄를 거의 언급하지 않습니다. 물론 우리는 그의 다른 저작들을 통해 그가 모든 그리스도교인이 죄와 용서에 관해 믿는 바를 믿었음을 알고 있습니다. 이 시들에서도 그는 우리를 파멸에서 구원하시려는 하느님의 뜻을 언급합니다. 그러나 근본적으로 이 시들이 그리는 비전은 시원으로, 태초에 하느님께서 세우신 목적으로 우리를 인도합니다. 창조의 가장 중요한 점은 영과 육으로 이루어진, 창세기와 신약성서의 언어를 빌려 쓰자면 하느님의 형상을 한, 하느님을 닮은, 그리하여 하느님과 친밀한 관계를 맺을 수 있는 인격체들이 있어야 한다는 것입니다. 이는 하느님께서 무언가를 얻기 위해서가 아닙니다. 그렇게 해야만 창조된 존재들이 기쁨 가운데 살 수 있기 때문입니다. 그리고 이 기쁨이 온전히 가능케 하는 확실한 방법은 이 땅에서, 그분이 인간성과 연결되어 인류에게 그들이 누구인지를, 그들이 무엇을 위해 창조된 존재인지를 깨닫게 하는 것입니다.

우리의 죄, 인간 역사에서 일어나는 끔찍한 비극으로 인해 우리는 하느님을 상상할 수 없을 만큼 멀리 떨어져 있는 존재로 여기게 됩니다. 우리는 스스로 이러한 관점에 속박됩니다. 그러나 하느님께서는 이를 가뿐히 뛰어넘으십니다. 이 땅에 오시면 그분은 우리가 잘못된 길을 걸어감으로써 일어나는 모든 끔찍한 결과("하느님 안에 있는 인간의 눈물")를 스스로 떠안으십니다. 그러나 이는 거대한, 변치 않는 그림의 그림자일 뿐입니다.

물론 우리는 죄의 심각성에 대해 생각해 보아야 합니다. 그러나 이는 하늘과 땅의 결혼이라는 하느님의 영원한 계획의 위대함, 그 변치 않는 목적 아래 확고히 설 때만 적절하게, 긴 안목으로 바라볼 수 있습니다. 우리 한 사람 한 사람의 죄가, 이 세계가 실패와 고난으로 우리를 위한 지평을 가득 채울 때, 그리하여 이 상황이 바뀔 수 있다는 믿음을 상실할 때 우리에게는 이러한 안목이 필요합니다.

하느님의 목적이 하늘과 땅의 결혼이라면, 그분이 우리가 사는 세상에 들어오셔서 우리와 얼굴을 맞대고 만날 힘과 자유를 갖고 계신다면, 세계와 인류의 존재 이유에 관해 태초에 하느님께서 빚어내신 비전을 파괴할 수 있는 것은 아무것도 없습니다. 우리가 아무리 타락했다 하더라도 달라지는 것은 아무것도 없습니다. 정말로 끔찍한 일은 우리가 실패에 안주하기로 마음먹고 끝끝내 냉소와 절망에 무릎을 꿇는 것입니다. 그러나 그러한 순간조차 하느님께서는 하느님으로 계십니다. 그분은 이 세계를 당신의 기쁨 안에 들어오게 해야겠다고 결단하셨습니다.

성육신, 이 신비로운 사건을 기억할 때 우리는 무엇보다 하느님에 대한 우리의 순전한 신뢰를 새로이 다잡아야 합니다. 지금도 베들레헴은 공포와 폭력으로 뒤덮여 있으나 그 순간에도 장벽 양쪽에서는 용기 있고 사랑이 넘치는 사람들이 살아 움직이고 있습니다. 이 증인들을 통해 우리는 인간의 눈물을 당신의 것으로 삼으시는, 기쁨과 평화라는 당신의 목적을 이루시기 위해 끊임없이 활동하시는 하느님을 만날 수 있습니다.

십자가의 요한이 쓴 시를 우리의 생각과 기도와 관련해 생각해 볼 두 번째 지점은 우리를 둘러싼 세계가 하나의 틀로 창조되었다는 것입니다. 이는 매우 중요합니다. 세계 안에서 우리는 하느님께서 우리에게 원하시는 바를 향해 성장하는 법을 익힙니다. 이 세계 덕분에 우리는 하느님을 향해 나아갈 수 있습니다. 그리고 이 눈으로 우리는 세계를 보아야 합니다. 그렇습니다. 어떤 의미에서 이 세계는 인류를 위해 존재합니다. 그러나 이 세계는 고유한 독립성과 아름다움을 지니고, 그러한 방식으로 인류를 위해 존재합니다. 이는 세계가 인간의 이기심을 충족시키는 자원을 저장해둔 창고가 아님을 뜻합니다. 하느님께서 물질세계를 창조하셨기에, 십자가의 요한의 표현을 쓰자면 "무한한 다름으로 구성된" 세계를 창조하셨기에 인류가 그분의 영광을 볼 수 있음을 온전히 받아들인다면, 우리는 우리를 둘러싼 세계의 다양성과 신비로움이 그 자체로 귀중하다는 것 또한 받아들여야 합니다. 이 세계의 다양성을 축소하거나 이 세계가 머금고 있는 신비를 제거하려는 시도는 하느님의 말씀을, 곧 그분이 의도하신 바를 창조세계의 피조물을 통해 전하시는 말씀을 가로막는 것과 다름없습니다. 이 시점에서 저는 리처드 도킨스Richard Dawkins가 쓴 글을 인용하고 싶습니다. 이 글에서 그는 세계에 대한 경이로움과 경외를 표현한다는 점에서 저 16세기 신비주의자를 메아리처럼 따라 합니다.

> 내가 압도적으로 받는 느낌은 경이로움이다. 우리가 본 세세한 것들에 새겨진 아름다움, 그것들이 자아내는 아름다움도 놀라울 뿐만 아니라, 그런 세세한 것들이 한 행성에 있다는 사실도 놀랍다. 우주는 그냥 생명이 없고 단순한 상태로 나올 수도 있었다. … 익숙함으로 인해 감각이 무뎌지지 않은 모든 이에게 이 행성의 생명은 탄성을 일으키며 깊은 만족을 준다. 우리는 우리의 뇌를 진화하는 창조evolutionary genesis를 이해하기 위해 진화했기에 그 탄성은 더욱 커지고 만족은 더욱 깊어진다.*

우리는 이 세계의 다양성 곧 "세세한 것들에 새겨진 아름다움, 그것들이 자아내는 아름다움"을 누리며 우리에게 기쁨과 경외심을 일으키는

---

* Richard Dawkins, *The Ancestor's Tale* (London: Weidenfeld&Nicolson Ltd, 2004). 『조상 이야기』(까치)

이곳을 하느님의 손길이 새겨진 소중한 곳으로 여기고 그 풍요로움을 훼손하지 않도록 노력해야 합니다. 우리는 우리에게 주어진 책임을 감당해야 합니다. 이러한 관점을 우리 마음에 새긴다면 우리는 이 모든 것이 얼마나 쉽게 부서질 수 있는지, 이 세상에 있는 무수한 종들과 환경의 균형이 얼마나 쉽게 깨질 수 있는지, 우리의 탐욕은 이를 얼마나 쉽게 왜곡할 수 있는지를 점점 더 깨닫게 될 것입니다. 만물의 균형을 위협하는 행동은 우리의 물질적 생존을 위기에 빠뜨리는 결과를 낳을 뿐 아니라 좀 더 근본적으로는 우리의 영적 감수성, 우리를 둘러싼 세계가 보여주는 끝없는 신비에 우리 자신을 열 가능성을 차단합니다.

십자가의 요한이 제시한 이 비전을 인간관계에도 적용하면 좀 더 중요한 의미를 발견할 수 있습니다. 바로 모든 사람, 무수히 다양한 사람들은 특별한 기쁨, 그들이 하느님과 관계를 맺는 기쁨을 누리기 위해 존재한다는 것입니다. 이 기쁨은 사람마다 달리 경험됩니다. 우리가 다른 누군가와 만난다는 것은 곧 저 특별한 기쁨으로 부름받은 이와 만난다는 것을 뜻합니다. 누군가와 맺는 관계는 저 기쁨을 (내 안에서, 그리고 그들 안에서) 온전하게 이루시려는 하느님의 목적의 일부입니다. 이는 인간사에서 피할 수 없는 긴장과 갈등을 배제하지 않습니다. 우리는 서로에게 도전할 수 있습니다. 그로써 우리는 서로 안에 있는, 하느님의 기쁨을 가로막는 것을 분쇄할 수 있고 서로를 자유케 할 수 있습니다. 그리하여 저 기쁨을 좀 더 온전히, 함께 누릴 수 있습니다.

그 자리는 당연하게도 땅 위의 평화, 천사들이 목자들에게 약속한 평화가 이루어지는 자리이기도 합니다. 그곳에서 우리는 인류가 무엇을 위해 존재하는지, 인류가 서로를 위해 무엇을 할 수 있는지를 이해하게 됩니다. 바로 그 자리에서 기쁨과 평화가 시작됩니다. 인간 존재들이 서로 관심을 기울일 때 창조세계를 수놓은 만물을 향해 가져야 할 기쁨과 경외심은 더 깊어갑니다. 평화가 눈에 보이는 갈등을 멈추는 것 이상의 무언가가 되기 위해서는 타자를 향한 헌신, 타자에 대한 경외감에 굳게 뿌리내려야 합니다.

예수의 탄생, 성육신 사건은 온 세계를 일관되게 묶어 두는 힘이 역사 속에서 한 인간의 영과 육으로 형태를 갖춘 사건입니다. 이 사건이 갖는 의미는 심대합니다. 하나의 전체로서 창조세계가 그 목적과 의미를 찾았음을, 우리 인류의 기쁨에 찬 변모를 위해 만물이 흘러 모이는 광경을 마침내 이 땅에서 볼 수 있게 되었음을 선포하기 때문입니다.

> 그러므로 하느님께서는 인간이 되시며, 인류는 하느님께 붙들리리라.
> 그분은 자신과 함께하는 사람들 가운데 거니시며
> 그들과 함께 먹고 마시시리라.
> 언제나 그들 곁에 머무시며 영원히 함께하시리라.
> 이 세상이 끝나 종말을 고할 때까지.

가장 높은 곳에 계신 하느님께 영광이,
그리고 땅에서 하느님의 친구 된 이들에게 평화가 있기를.

하느님을 모르는 자들은 모두 태어날 때부터 어리석어서 눈에 보이는 좋은 것을 보고도 존재하시는 분을 알아보지 못하였고, 업적을 보고도 그것을 이룩하신 분을 알아보지 못하였다. 그래서 그들은 불이나 바람이나 빠른 공기, 또는 별의 회전, 혹은 도도하게 흐르는 물, 하늘에서 빛나는 것들을 세상을 지배하는 신들로 여겼다.

만일 이런 것들의 아름다움을 보고 그것을 신이라고 생각했다면, 이런 것들의 주님이 얼마나 더 훌륭하신가를 알아야 했을 터이다. 왜냐하면 그것들을 창조하신 분이 바로 아름다움의 주인이시기 때문이다. 또 그들이 이런 것들의 능력과 힘에 놀랐다면 마땅히 이런 것들을 만드신 분의 힘이 얼마나 더 큰가를 깨달아야 했을 터이다. 피조물의 웅대함과 아름다움으로 미루어보아 우리는 그것들을 만드신 분을 알 수 있다.

그렇다고 해서 이 사람들을 크게 비난할 수는 없다. 그들은 하느님을 찾으려고 열렬히 노력하다가 빗나갔을지도 모른다. 그들은 하느님의 업적 가운데에서 살면서 열심히 모색하다가 눈에 보이는 것들이 하도 아름다워서 그 겉모양에 마음을 빼앗기고 마는 것이다.

그렇지만, 그들은 용서받을 수 없다. 만일 그들이 세계를 탐지할 수 있는 지식을 쌓을 능력이 있다면 어찌하여 세계를 만드신 분을 일찍이 찾아내지 못했는가. (지혜 13:1~9)

야훼께서 왕위에 오르셨다.
온 땅은 춤을 추어라. 많은 섬들아 즐거워하여라.

안개에, 구름에 둘러싸이고 정의와 공정이 그 옥좌의 바탕이요.
불길이 그를 앞서가며 에워싼 원수들을 살라버린다.
번개가 한번 번쩍 세상을 비추니 온 땅이 이를 보고 부들부들 떤다.
산들도 야훼 앞에서, 온 땅의 주님 앞에서 초처럼 녹아 내린다.
하늘이 그의 공정하심을 선포하고 만백성은 그의 영광을 뵙는다.

잡신들을 섬기는 자들아, 허수아비를 자랑하는 자들아
창피를 당하여라. 모든 신들아, 그 앞에 엎드려라.

야훼여, 당신의 재판은 공정하시오니
시온이 이를 듣고 즐거워하며 유다의 딸들도 기뻐하옵니다.
야훼여, 당신은 온 세상에 으뜸이시오니
그 많은 모든 신들 훨씬 위에 계시옵니다.

악을 미워하는 자를 야훼께서 사랑하시고
당신을 믿는 자의 목숨을 지켜주시어 악인들의 손에서 건져주신다.
바르게 살면 그 앞이 환히 트이고
마음이 정직하면 즐거움이 돌아온다.

바르게 사는 자들, 야훼 품에서 즐거워하여라.
거룩하신 그 이름을 찬양하여라. (시편 97)

07

세상의 구원자들, 죽을 수밖에 없는 메시아들

아우구스투스 황제가 칙령을 내렸다.

성탄 전야 예배를 드리는 분들이라면 이 구절을 수도 없이 들었을 것입니다. 예배에서 이 구절은 성탄 이야기라는 위대한 드라마의 서곡처럼 울려 퍼집니다. 아우구스투스 황제가 2,000년이 지난 뒤에도 사람들 사이에서 자신의 이름이 널리 회자됨을 알았더라면 매우 기뻐했을 것입니다. 하지만 그 이름을 언급하는 이유가 단지 그의 재위 기간 중 예수가 탄생했기 때문임을 안다면 이내 실망을 감추지 못했겠지요. 그는 사람들이 자신을 기억해 주기를 바랐습니다. 그리고 그와 동시대를 산 사람 중 많은 이가 그 바람대로 그에 관해 여러 이야기를 주고받았습니다. 객관적으로 보더라도 그는 널리 회자될 만한 인물이었습니다. 어떠한 방식으로든 로마라는 국가의 질서를 회복했고 로마의 국제적인 영향력을 굳건하게 했으니 말이지요. 물론 자신에게 조금만 반대하더라도 이를 잔인하게 진압했지만, 그조차 이전까지 계속되었던, 혼란스러웠던 내전보다는 나았습니다. 당시 사람들이 오랜 기간 로마 제국이 안정과 번영을 누리기를 바라며 아우구스투스를 평화의 회복자라 칭했던 것은 그리 어색한 일이 아니었습니다.

물론 그 기대는 실현되지 않았습니다만 많은 사람은 아우구스투스의 치세기를 일종의 황금기로 여겼습니다. 이후 새로운 황제들은 아우구스투스 때의 안정과 자신감을 되찾는 것을 자신의 목표로 삼았고 세계에 새로운 질서, 선한 질서를 구축한 이, 즉 '구원자'saviour로서 자신의 모습을 동전에 새기고 동상을 만들었습니다. 이는 이미 앞선 시대 근동 지역의 왕들도 흔히 행했던 일이었습니다. 그러니 예수가 살았던 시대 사람들에게 '구원자'라는 말이 무엇을 의미하는지를 묻는다면 답은 매우 분명했을 것입니다. 그들에게 구원자란 황금기를 다시 가져온 사람, 갈등에 종지부를 찍은 사람, 무언가가 일어나는 것을 멈춘 사람을 뜻했습니다. 같은 맥락에서 구원은 한 사람의 특별하고 카리스마적인 지도자가 가져온 역사의 종말을 의미했습니다.

수많은 시대를 거친 후에도 이 말이 여전히 그러한 의미로 쓰이고 있다는 건 흥미로운 일입니다. 20세기 전체주의 체제는 모든 갈등이 종식되고 변화와 투쟁이 그친 상태를 고대했습니다. 한편 냉전이 끝나자 몇몇 학자는 '역사의 종말'을 이야기하는 글을 썼고 어느 미국 대통령은 '새로운 세계 질서'를 입에 담았습니다. 최근 몇 주간, 버락 오바마Barack Obama의 고문들과 동료들은 사람들이 대통령 선거를 통해 세상이 한꺼번에 바뀌기를 기대하는 현상, 대통령을 일종의 구원자로 여기는 분위기에 경고를 보냈습니다. 가장 냉소적인 사회에서조차 그 표면 아래에서는 언제나 이렇게 들뜬 상상력이 퍼져 나가곤 합니다. 오바마의 조언자들은 이러한 상상력이 내포하고 있는 위험성을 정확하게 인지했습니다. 좋은 시절을 회복할 구원자에 대한 상상과 기대는 언제나 우리 인류를 매혹했고 오늘날에도 마찬가지입니다. 사람들은 기대합니다. 구원자가 몸소 팔을 걷어붙이고 한 번에, 모든 것을 해결하기 위해 시온으로 오시리라고 말입니다. 그런데 그것이 진짜 구원일까요?

　이러한 사람들의 기대에 복음은 답합니다. "그렇다." 하지만 언제나 그랬듯 냉정한 한마디를 덧붙입니다. "하지만 …" 복음은 구원자는 온다고 말합니다. 그러나 우리는 그 구원자를 알아보지 못합니다. 구원자는 가난한 사람, 위협에 노출된 사람, 난민의 모습으로 숨어 있습니다. 그가 온 곳에서는 평화와 황금기가 회복되기는커녕 갈등이 깊어지고 재판이 진행되며 십자가에서 죽음이 일어납니다. 그리고 이전과는 다른, 신비롭고 새로운 여명이 밝아옵니다. 그는 세상에 있었으나 세상은 그를 알아보지 못했습니다. 그러나 그를 알아보고 그를 신뢰하는 자에게 그는 권세(이는 단순한 '힘'이나 권력을 뜻하지 않습니다)를 주어 그가 이루는 구원을 드러내 보이는 활동에 동참케 합니다.

이 이야기는 구원자라는 관념에 변화를 일으킵니다. 복음은 우리가 받아들이기 힘든 내용을 전합니다. 복음은 말합니다. 모든 전쟁에 종지부를 찍는 전쟁, 정치적인 행동, 한 명의 카리스마적인 지도자가 황금기를 가져오지 않는다고. 또한 복음은 말합니다. 역사는 하느님께서 역사를 끝내기로 하셨을 때 끝나지, 우리가 우리의 모든 문제가 해결되었다고 생각할 때 끝나는 것이 아니라고. 복음은 말합니다. 우리는 이 세상에 있는 나라들을 하느님과 그분께서 기름 부어주신 이들의 나라로 만들 수 없다고, 지금까지 일어난 일을 뒤엎고 황금기를 회복할 수는 없다고 말입니다.

그러나 동시에 복음은 우리의 모든 비관주의와 염세주의를 날려버리는 것이 있다고 말합니다. 구원자가, 그가 태어남으로 모든 것이 풍성한 삶을 누리게 될 구원자가 계시다고. 그의 권세는 대중에게 인기를 얻음으로써, 인류가 스스로 문제라 여기는 것을 해결함으로써 나오지 않으며 인간 세계에 있는 그 어떤 것에서도 나오지 않는다고. 창조 자체가 지닌 힘이 그분을 통해 이 세계에 왔다고. 그분은 파괴할 수 없는 하느님의 생명이며 우리에게 빛을 주시며 인간의 실패라는 어둠이 그 빛을 감출 수도, 이길 수도 없다고.

그러나 그분은 육신이 되셨습니다. 그분은 시시각각 분쟁이 일어나며 갈등이 찾아오고 역사가 멈추지 않는 세계, 변화와 불안정함이 주문 한마디로 바뀌지 않는 세계, 몇몇 위대한 지도자나 천재가 펜을 휘갈기거나 칼을 휘두르는 것으로 바뀌지 않는 세계의 일부가 되어 사셨습니다. 그분은 세상을 바꾸실 것입니다. 다만 그분은 요한의 복음서에서 말씀하셨듯 자기희생을 통해, 제한 없는 힘과 하느님의 생명을 실은 물결이 이 세계에 넘치게 함으로써 이 세상을 이기실 것입니다. 이는 황금기를 회복하는 것이 아닙니다. 에덴동산으로 귀환하는 것도 아닙니다. 참된 구원은 이 모두를 넘어선 새로운 창조, 우리 모두를 위한 새로운 지평이 열림을 뜻합니다.

오직 '육신'을 입은 존재만이 이를 이루어낼 수 있습니다. 구원은 물리적인 힘을 행사한다거나 탁월한 협상을 끌어낸다고 해서 이루어지지 않습니다. 구원은 인간의 삶과 역사에서 하느님의 생명과 사랑을 현실로 만들어냄으로써, '영광'(제약 없는 기쁨과 영원한 자기희생이 지닌 강렬함과 광채)을 보여줌으로써 이루어집니다. 이 지상에서의 힘과 성공은 우리를 혼란에 빠뜨리려 끊임없이 유혹합니다. 지극히 평범한, 취약하기 그지없는 생의 한복판에서 저 하느님의 생명과 사랑이 '육신'을 입은 방식으로 드러날 때만 우리는 저 유혹에서 구원받을 수 있습니다. 이사야의 말을 빌자면, 이것이 다른 무엇이나 누구의 구원이 아니라 "우리 하느님"께서 당신의 거룩하신 능력으로 우리에게 보여주시는 "구원"입니다.

이러한 계시를 받아들이고 약속한 권세를 받는 이들은 그분의 영광을 드러내기 위해 무엇을 할 수 있을까요? 작은 몸부림에, 소소한 실천에, 세상의 특정 공간에서 특별한 차이를 만들어 내는 데, 역사는 그저 흐르는 것이 아니라 긍휼과 희망을 향해 그 방향을 전환할 수 있음을 증언하는 데 있습니다. 매년 그래왔듯 올해도 우리는 성지에 있는 사람들에게 불어 닥친 위기와 고통을 기억합니다. 이곳에 '구원자'가 나타나기를, 새로운 가치를 말하는 미국 대통령이, 새로운 협상 전략을 제시할 수 있는 이스라엘이나 팔레스타인의 지도자가 나타나기를 바라는 것은 얼마나 솔깃한 생각인가요. 이러한 맥락에서 새로운 이상을 보여주는 지도력이 등장하기를 기도하는 것은 자연스럽고 적절한 일입니다. 그러나 그러는 동안에도 하느님께서는 이미 '구원' 활동을 펼치고 계십니다. 이 활동은 어떤 포괄적인 해결책이 마련될 때까지 지체하지 않습니다.

제 연구실에는 매일 묵상할 수 있도록 도와주는 여러 그림과 물건이 있는데 그중에 '평화를 위한 가족들'Families for Peace이라는 단체가 만든 달력이 있습니다. 이 단체는 계속되는 갈등으로 인해 자녀나 친족을 잃은 팔레스타인과 이스라엘 사람이 함께 모여 만든 단체입니다. 자기 아들이나 딸을 죽인 사람의 가족과 만나게 될 위험, 공동체를 위한다는 대의명분 아래 아들과 딸을 죽인 이들을 다른 관점으로 바라볼 것을 요청하는 위험을 기꺼이 감내하기로 한 이들의 모임인 셈이지요. 이 단체에서 진행하는 부모 모임Parents Circle과 가족 포럼Families Forum은 현재 이스라엘과 팔레스타인의 문제를 '몸'의 문제로 만듦으로써, 구체적인 얼굴과 사연을 가진 사람들의 문제로 만듦으로써 이 끔찍한 갈등 상황에 희망을 불어넣으려 애쓰고 있습니다. 이 단체에서 활동하는 이들을 만났을 때 그들의 용기는 저를 압도했습니다. 그리고 그들이 그러한 용기를 보여줄 수 있었던 것은 그들이 용감해서가 아니라 자기 자신을 더 알게 되었기 때문에, 자기 자신을 거부하려는 자신의 모습을 보고 느끼는 부단한 과정이 있었기 때문이라는 것도 알게 되었습니다. 그러니 여러분이 성지에서 '구원'이 일어나고 있음을 증언하는 사람이 누구냐고 묻는다면 저는 주저하지 않고 그들을 가리키겠습니다.

다른 상황에서도 마찬가지입니다. 최근 며칠간 저는 성지에서 벌이고 있는 다른 활동들에 관한 소식을, 특히 베들레헴과 나자렛에 있는 그리스도교 병원들에 관한 소식을 접했습니다. 이들은 다양한 원인에서 비롯한 다양한 압박 속에서, 절망스러울 정도로 부족한 자원을 가지고 만성적인 문제와 싸우고 있습니다. 그럼에도 그들은 여전히, 질기게 자신들을 찾아오는 모든 이를, 그들의 출신과 배경에 상관없이 섬기고 있습니다. 지난주에는 불라와요(짐바브웨 남서부 도시)에서 작은 지역 극장 프로젝트 운영을 돕고 있는 사람과 이야기를 나누었습니다. 지역 교회들의 지원을 받는 이 프로젝트를 통해 그는 짐바브웨에서 가장 극심한 궁핍을 겪고 있는 이들에게 자존감과 희망을 불어넣으려 노력하고 있습니다. 구원을 드러내는 표징은 주술을 통해 황금기를 회복하는 것이 아니라 도덕과 정치적인 문제가 얽혀 혼돈을 이룬 공간의 한복판에서 새로운 질서가 있음을, 새로운 현실(영원한 '로고스'라는 실재, 단순한 말이 아니라 조화로운 관계를 빚어내는 본本이라는 뜻으로 성 요한이 쓴 그리스어입니다)이 있음을 가리키는 헌신적인 활동들입니다.

이러한 활동들이야말로 성탄의 본래 의미를 우리가 있는 곳에서 실현하는 것, 몸으로 구현하는 것입니다. 육신이 된 말씀을 따름으로써 우리는 역사가 종말에 이르렀다거나 여러 가지 종류의 힘을 행사하는 다른 구원자가 날 것이라는 주장에 끊임없이 이의를 제기할 수 있게 하는 자원을 얻게 됩니다. 예수를 따르는 삶이란 이 세상에 새로움을 빚어내는, 작지만 굳건한 전초 기지에서 일하며 그분이 주신 권세를 받아 책임을 지는 위험을 감수하는 것입니다.

우리의 경우 이는 앞으로 다가올 몇 달 동안 우리나라에, 그리고 우리 자신에게 끊임없이 문제를 제기함을 뜻합니다. 경제 위기로 인해 가장 무거운 짐을 져야 하는 이들을 돌보기 위해 지역 차원에서 우리가 해야 할 일은 무엇인지 고민해야 합니다. 어떤 마법과도 같은 해결책을 기다리지 마십시오. 좋은 시절이 돌아오기를 기다리지도 마십시오. 좀 더 넓은 차원에서는 정부나 기구를 향해 무언가를 말할 수도 있겠습니다. 잊지 마십시오. 어떠한 방식으로 이루어지든 간에 핵심은 기도와 나눔에 인격적으로 참여하는 것입니다.

이사야는 버려진 도시 성벽에 있는 파수꾼들이 왕이 귀환하는 모습을 보게 되기를, "얼굴과 얼굴을 맞대기를" 고대했습니다. 구원을 증언하는 우리의 활동은 "얼굴과 얼굴을 맞대"는 만남을 바탕으로 이루어져야 합니다(이러한 생각은 올해 람베스 회의의 틀을 짜는 데 도움을 주었습니다). 아우구스투스 황제에게, 버락 오바마에게, 국회의원과 지방자치단체장에게 그 책임을 떠넘기지 마십시오. 그들 모두를 위해 기도하고, 그들이 새로운 가능성을 제시하며 자신이 맡은 부분을 온전히 다

할 수 있기를 희망한다 할지라도 말입니다. 육신이 된 말씀을 따르는 것은 두려움과 떨림이라는 만만찮은 위험을 떠안고 역사를 만드는 배에 올라타는 것입니다. 그 배가 멈춰 서기를 기다려서는 안 됩니다. 그리스도께서는 우리 한 사람 한 사람이 당신의 증인이 되기를 요구하십니다. 얼굴과 얼굴을 맞대는 무수한 만남 가운데 당신을 위해 말하고 당신을 위해 일하기를 요청하십니다. 이를 통해 우리는 볼 것입니다. 세상은 보게 될 것입니다. 그분의 영광, 하느님 아버지의 유일하신 아들이 펼쳐내는 은총과 진리로 가득한 영광을.

야훼여, 당신께 피신합니다. 다시는 욕보는 일 없게 하소서.
당신의 정의로 나를 보호하시고 구해 주소서.
귀를 기울여 들으시고 구해 주소서.
이 몸 의지할 바위 되시고 내 목숨 구원하는 성채 되소서.
나의 바위, 나의 성채는 당신이십니다.

나의 하느님, 악인의 손에서 나를 구해 주시고,
흉악하고 포악한 자의 손에서 나를 구하소서.

주여, 바라느니 당신뿐이요.
어려서부터 믿느니 야훼 당신입니다.
모태에서부터 나는 당신께 의지하였고,
어머니 뱃속에 있을 때부터 당신은 나의 힘이었으니,
나는 언제나 당신을 찬양합니다. (시편 71:1~6)

08

의존에 관하여

하느님께서 예전에는 예언자들을 시켜 여러 번 여러 가지 모양으로 우리 조상들에게 말씀하셨습니다. 그러나 이 마지막 시대에 와서는 당신의 아들을 시켜 우리에게 말씀하셨습니다. 하느님께서는 당신의 아들을 통해서 온 세상을 창조하셨으며 그 아들에게 만물을 물려주시기로 하셨습니다. 그 아들은 하느님의 영광을 드러내는 찬란한 빛이시요, 하느님의 본질을 그대로 간직하신 분이시며, 그의 능력의 말씀으로 만물을 보존하시는 분이십니다. 그분은 인간의 죄를 깨끗하게 씻어주셨고 지극히 높은 곳에 계신 전능하신 분의 오른편에 앉아 계십니다. 그리고 천사의 칭호보다 더 높은 아들이라는 칭호를 받으심으로써 천사들보다 더 높은 분이 되셨습니다. 하느님께서 어느 천사에게 "너는 내 아들이다. 내가 오늘 너를 낳았다" 하고 말씀하신 적이 있으십니까? 또, "나는 그의 아버지가 되고 그는 내 아들이 될 것이다" 하고 말씀하신 적이 있으십니까? 하느님께서 당신의 맏아들을 세상에 보내실 때에는, "하느님의 천사들은 모두 그에게 예배를 드려라" 하고 말씀하셨습니다. (히브 1:1-6)

히브리인들에게 보낸 편지는 시작하면서부터 성육신 사건이 어떠한 점에서 새롭고 여타 사건과 다른지를 대담하고도 분명하게 진술합니다. "여러 번 여러 가지 모양으로", 하느님께서는 언제나 다양한 방식으로 끊임없이 인류와 소통하고 계십니다. 그러나 우리가 하느님께 바라는 것은 단순한 정보가 아닙니다. 우리에게는 그 이상의 무언가가 필요합니다. 이야기는 아들을 보내신 것에서 정점을 이룹니다. 정보를 알리는 수준에서 모든 것이 전해지고 행해지더라도 우리에게는 좀 더 분명해야 할 점이 남아있습니다. 그 모든 것이 가리키는 것은 바로 하느님과 우리의 관계입니다. 마침내, 하느님께서는 아들을 통해 말씀하십니다. 우리는 비로소 참으로 하느님을 아는 것, 그분의 약속과 생명의 말씀에 진실하게 응답하는 것이 정보와 지식의 차원이 아니라 관계의 차원임을, 하느님의 자녀가 되는 것임을 완전히 파악하게 됩니다. 그리고 다른 이들도 그 관계를 나누고 싶어 하도록 행동하는 법을 배웁니다.

히브리인들에게 보낸 편지가 말하듯 아들은 "만물의 상속자"입니다. 그분은 상상할 수 없는 아름다움을 자아내며 그분이 온 곳에서 나오는 빛을 받아 반향을 일으킵니다. 우리 가운데 하느님의 아들이 태어날 때 저 빛과 영광은 급류가 되어 제한 없이, 끝없이, 지성과 질서, 그리고 사랑이 넘치는 관조가 파도가 되어 인간의 정신과 몸이라는 그릇에 쏟아집니다. 그가 인간의 정신과 몸을 입고 행하는 일들을 통해 인간 삶이 지닌 가능성은 영원히 바뀝니다. 인류는 이제 아들이 영원히 자리한 하늘의 자리에 초대받습니다. 이 자리를 요한의 복음서는 "아버지의 품 안"이라고 말합니다. 히브리인들에게 보낸 편지의 저자는 자신만만한 어투로 말합니다. 우리 인간은 천사보다도 더 하느님과 가까워질 운명을 갖고 있다고 말입니다. 이러한 맥락에서 그리스도교 시인들과 사상가들은 천사들이 우리를 놀라움으로 바라보는 모습을 그리곤 했습니다. 별다른 가망 없는 존재, 지극히 제한된 능력만을 가졌으며 그나마 가진 능력을 갖고서는 자신을 기만하고 옹졸하게 만드는 존재인 우리 인간에게 하느님은 그러한 미래를 약속하셨습니다.

성탄이 빚어낸 새로운 것은 바로 이 관계입니다. 예수께서 맺으셨고, 맺고 계신 하느님과의 관계가 우리에게 새로운 가능성으로 열렸습니다. 그러나 여기에는 장애물과 도전이 있습니다. 이 영광스러운 미래에 들어가기 위해 우리는 하느님께 의존하는 법을 익혀야 합니다. 의존dependency이라는 말은 우리에게, 특히 독립성을 자랑스럽게 여기는 현대인인 우리에게 불편한 마음을 불러일으킵니다. 누군가 '의존적인' 성격을 갖고 있다고 하면 우리는 그를 안쓰럽게 여기고 걱정합니다. 무언가에 '의존한다'고 하면 우리는 마약과 술을 떠올립니다. 우리는 극빈층에게 지원금을 주는 것이 그들의 '의존적인' 사고를 강화할까 봐 염려합니다. 이처럼 우리는 의존을 수동적인 상태, 자유보다 열등한 것으로 여기는 경향이 있습니다.

여기서 잠깐만 돌이켜 생각해 봅시다. 우리는 숨 쉴 때 공기에 의존합니다. 우리는 살기 위해 음식에 의존합니다. 이를 좀 더 이어서 생각하면 다른 이해가 가능합니다. 우리가 말하고 행동하는 법, 무엇보다 누군가를 사랑하는 법을 익힐 때 우리는 부모에게 의존합니다. 살기 위해 필요한 것을 받아들일 때는 무언가에 의존해야 합니다. 배우고 자라기 위해서는 그 방식을 가르쳐주는 이에게 의존해야 합니다. 오늘날 인류가 가진 문제 중 하나는 이처럼 우리가 사는 데 필요한 의존과 우리를 노예로 만드는 수동성을 뒤섞어 버린다는 데 있습니다. 우리는 수동성을 피하려다가(마땅히 그래야 하지만) 이내 자신은 아무것도 받거나 배울 필요가 없다는 환상에 갇혀 버립니다.

이러한 면에서 아들을 찬란한 빛을 발하고 창조적이며 생명과 지혜로 넘쳐흐르는 존재로 그리는 히브리인들에게 보낸 편지 본문은 더없이 소중한 통찰을 담고 있습니다. 아들은 아버지에게 전적으로 의존하기에, 자신의 생명을 아버지에게서 온전히 받기에 저 모든 것을 갖추게 됩니다. 우리가 하느님의 생명을 온전하게 받을 수 있을 정도로 성장했을 때 우리는 그분의 아들이 그랬듯 기꺼이, 그리고 부끄러움 없이 그분께 모든 것을 의존할 것입니다. 우리의 마음을 열어 그분께서 주시는 모든 것을 받고, 마음을 열어 그분이 가르치시는 모든 것을 배울 것입니다. 이는 '수동성'과는 완전히 다른, 창조적인 '의존성'입니다. 이 의존을 통해 우리는 우리가 상상할 수 있는 가장 자유로운 활동인 하느님의 영원한 사랑, 우리를 통해 흘러넘치는 사랑에 합류하게 됩니다.

우리는 이미 이러한 방식으로 의존하고 있음을 어느 정도 알고 있습니다. 가족과 함께 살아가는 삶에서, 가장 가까운 친구 관계에서 우리는 이와 비슷한 경험을 한 적이 있기 때문입니다. 서로 의존하는 것, 무언가를 받고 배우는 것은 자연스러운 일입니다. 우리는 이를 통해 서로 친밀함과 신뢰를 표현합니다. 그러나 인류는 수천 년이 넘는 긴 시간 동안 배우는 것과 받는 것을 견디지 못하게 하는 문화를 만들어 냈습니다. 우리는 배우다가도 어느 지점에 이르면 이 정도면 되었다고, 그만하면 충분하다고, 내가 알고 싶은 것은 다 알았다고 말하려 합니다. 그리고 이를 다른 이에게 권합니다. 우리는 남에게 빚지는 것을 꺼리며 우리 두 발로 홀로서기를 바랍니다. 그리고 이를 권합니다. 여러분도 마찬가지겠지만 저는 부모님이나 부모 세대에 있는 분들이 아무런 도움도 원치 않는다고 말씀하실 때, 신세 지기를 바라지 않는다고 말씀하실 때 그 말을 액면 그대로 받아들여야 한다고 생각하지 않습니다. 국가나 단체에서 어떤 지원금도 받지 않겠다고 말할 때도 마찬가지입니다. 이러한 말에는 다른 사람에게 부담을 주기 싫다는 배려가 담겨 있습니다. 하지만 동시에 이러한 말에는 내 모든 것은 내가 관리해야 하는 삶, 밖에서의 도움을 필요로 하지 않는 삶에 대한 집요한 갈망이 자리 잡고 있습니다.

이러한 초조하고 오만한 문화의 최대 피해자는 가장 분명하게 의존성을 드러내는 이들, 곧 나이든 이들, 신체나 정신에 어려움이나 장애가 있는 이들, 그리고 어린이들입니다. 오늘날 문화는 이들에게 끊임없이 말을 겁니다. '당신이 홀로 두 발로 서지 않는다면, 당신이 계속 도움을 받아야 한다면, 당신에게는 문제가 있는 겁니다. (한숨을 쉬며) 당신을 돌보기야 하겠지만, 솔직히 말하면 그게 이상적인 모습은 아니잖아요.' 아이들을 향해서는 이렇게 말합니다. '우리는 여러분이 이른 시간 안에 능동적인 소비자이자 행위의 주체가 되도록 최선의 노력을 기울일 겁니다. 이를 위해 우리는 학교에서 끊임없이 여러분을 시험할 것이며 여러분에게 온갖 광고를 퍼부을 것입니다(물론 여기에는 매우 선정적인 광고도 포함됩니다). 여러분이 가진 재능과 기술이 과연 우리에게 쓸모가 있을지 염려되는군요. 우리는 할 수 있는 모든 걸 다해 여러분의 유년 시절을 '독립적인' 어른이 되기 위한, 진짜 성인이 되는 과정에서 잠시 거쳐 가는, 별 가치 없는 시기로 만들 것입니다. 그런 다음 여러분을 이렇게 저렇게 손이 갈 일이 없는, 사회라는 기계에서 쓸 만한 부품으로 만들 겁니다.'

지난해, 우리가 어린 시절을 어떻게 여기는가에 관한 문제가 논의의 장에 올랐습니다. 어린이회The Children's Society의 행복한 아동기 보고서 Good Childhood report나 초등 교육에 관한 케임브리지 리뷰Cambridge Review와 같은 중요한 연구들이 새로이 주목을 받았기 때문입니다. 이 연구들은 우리가 어린이의 경험을 짓밟고 찌그러뜨리던 행동들에 경종을 울렸습니다. 몇 달 뒤에는 이러한 주제를 놓고 중요한 토론이 열립니다.

저 논의들 아래에는 결국 한 가지 핵심 문제가 있습니다. 그것은 바로 이 사회가 어떻게 하면 적절하고 성숙한 의존성을 위한 자리를 만들어내고 나아가 이를 격려할 수 있느냐는 것입니다. 인류는 받고 배워야 합니다. 받고 배우기를 멈추는 지점을 만드는 것이 아니라 나이가 들수록 이전에 없던 새로운 환경에서 받고 배우는 습관을 익힐 수 있게 해야 합니다. 우리는 아이들이 기쁨으로 자신의 의존성을 발휘하는 것을 돕고, 그리하여 나이가 들수록 의존성을 버리는 것이 아니라 자유와 상상력을 발휘해 의존성을 능숙히 다루게 해야 합니다.

이를 통해 우리 어른들은 쉽지 않은 두 가지 교훈을 얻습니다. 첫 번째는 즐거움과 기쁨 속에서 받고 배우는 우리 고유의 능력과 우리를 다시 연결해야 한다는 것입니다. 이는 누군가 말했듯 어린아이처럼 되는 것을 뜻합니다. 두 번째는 아이들을 양육하고 그들에게 안정감을 주는 환경, 아이들의 필요를 채워주는 환경을 조성해야 한다는 것입니다. 우리는 아이들이 실수하며 배울 수 있는 안전한 장소를 만들어야 합니다. 이는 우리가 의존성을 매우 귀하게 여긴다는 것, 우리의 이익을 위해 이를 이용하거나 외면하지 않음을 보여주는 것입니다. 나 자신의 의존성을 끌어안고 이를 격려할 수 있을 때 다른 사람의 의존성도 최대한 활용할 수 있는 자유로움을 갖게 할 비전과 힘이 생깁니다. 세상에 있는 모든 아이는 필요한 안전을 제공받아야 하며 우리는 이를 위해 발 벗고 일해야 합니다.

이와 관련해 우리 사회에는 너무나 많은 문제가 있습니다. 가정에서 단 한 번도 안정감을 가져본 적이 없는 아이들이 있습니다. 아버지가 누구인지 알지 못한다거나 어머니가 병이 들어서, 마약에 찌들어서, 아니면 불구가 되어서 부모나 형, 누나를 부양할 책임을 떠안게 된 아이들이 있습니다. 일에 중독된 부모 밑에서 자라는 아이들이 있습니다. 그들은 경제적으로는 부족함이 없지만 가족이 주는 따뜻함과 안식은 경험하지 못합니다. 성매매를 통해 체계적으로 착취당하는 아이들과 청소년들이 있습니다. 폭력 집단의 문화에서 빠져나오지 못하는 아이들이 있습니다. 전 세계로 시선을 돌리면 이 모든 문제뿐만 아니라 더 많은 문제가 눈에 들어옵니다. 콩고나 스리랑카와 같은 곳에서는 아이들이 아무런 의미도 없고 야만적인 내전에 이용당합니다. 이는 아이들이 겪을 수 있는 가장 끔찍한 일입니다. 전쟁터에서 아이들은 납치되고, 짐승 취급당하고, 살인자가 되거나 성노예가 됩니다. 이러한 경험들은 듣기만 해도 견딜 수 없을 만큼 끔찍하지만, 지금도 이 세계 어딘가에서는 이런 충격적인 일들이 계속 일어나고 있습니다.

우리처럼, 이 아이들도 온전히 하느님의 자녀가 되도록, 앞서 살펴본 영광을 누리도록 창조된 존재들입니다. 그들이 겪는 고통을 좌시하는 것은 하느님께서 뜻하신 바를 모욕하는 것입니다. 저 아이들이 노예가 되도록 내버려 두는 것은 아이들을 노예로 만드는 이들의 편에 서서 하느님께서 주시는 선물을 업신여기며 거부하는 것입니다.

성육신 사건을 통해 하느님께서 주시는 선물은 관계입니다. 이 관계는 또 다른 인간관계가 아니라 예수께서 서신 곳에 서게 됨으로써, 그분께서 베푸시는 사랑과 창조성, 내어줌과 받음이 빚어내는 급류에 들어감으로써 아버지 하느님과 맺는 관계입니다. 저 급류에 들어가는 것, 저 관계에 뿌리내리고 터하는 것은 우리의 마음을 열어 먹을 것을 받고 성장하며 변혁되는 것에 대한 두려움을 내려놓음을 뜻합니다. 이는 결국 우리가 우리 자신의, 그리고 다른 사람들의 의존성을 어떻게 대하느냐, 평생에 걸친 배움, 성장과 관련된 긍정적인 의존을 받아들이고 다른 사람 또한 긍정적으로 이를 다루도록 도울 수 있느냐는 물음과 실천으로 이어집니다.

그러므로 중요한 것은 모든 사람이 마침내 자기 두 발로 서서 쓸 만한, '독립적인' 소비자이자 국민총생산GNP에 기여하는 사람이 되는 것이 아닙니다. 너그럽고 성숙한 사회에서 우리가 서로에게 진실로 기대하는 것은 서로에게 요청하는 법, 서로에게 받는 법, 우리를 사랑하고 우리 곁에 서 있는 이들의 너그러움에 기대는 법을 배우는 것과 깊은 관련을 맺고 있습니다. 그리고 이는 다시금 우리의 도움이 가장 필요한 이들을 특별히 돌보며, 그들의 자리를 보호하고 그곳에 자양분을 주고 그곳에 안정을 보장하는 실천으로 이어져야 합니다. 감사하며 의존하는 법을 배우면 타인의 의존을 돌보고 응답하는 법 또한 배우게 됩니다. 하느님의 은총으로 우리는 참된 의존이 격려받고 보호받는 세상, 힘 있는 자와 탐욕스러운 자들이 이를 남용하지 않는 세상을 일구는 법을 배우게 될 것입니다.

하느님께서는 당신의 아들을 통하여 말씀하셨습니다. 그분은 우리 모두를 불러 당신의 아들, 육신이 된 말씀의 구유 앞에서 자녀가 되게 하셨습니다. 이제 우리는 천사도 경탄을 보내는 영광에 이를 때까지 자라날 수 있습니다. 당신을 받아들이는 모든 이에게, 하느님께서는 당신의 자녀가 되어 끝없는 삶과 기쁨을 향해 배우고 자랄 능력과 권세를 주십니다.

여러분은 옛 생활을 청산하여 낡은 인간을 벗어버렸고 새 인간으로 갈아입었기 때문입니다. 새 인간은 자기 창조주의 형상을 따라 끊임없이 새로워지면서 참된 지식을 가지게 됩니다. 여기에는 그리스인과 유다인, 할례받은 사람과 받지 않은 사람, 타국인, 야만인, 노예, 자유인 따위의 구별이 없습니다. 오직 그리스도만이 전부로서 모든 사람 위에 군림하십니다.

여러분은 하느님께서 뽑아주신 사람들이고 하느님의 성도들이며 하느님의 사랑을 받는 백성들입니다. 그러니 따뜻한 동정심과 친절한 마음과 겸손과 온유와 인내로 마음을 새롭게 하여 서로 도와주고 피차에 불평할 일이 있더라도 서로 용서해 주십시오. 주님께서 여러분을 용서하신 것처럼 여러분도 서로 용서해야 합니다. 그뿐만 아니라 사랑을 실천하십시오. 사랑은 모든 것을 하나로 묶어 완전하게 합니다.

그리스도의 평화가 여러분의 마음을 다스리게 되기를 바랍니다. 그러려고 여러분은 부르심을 받아 한 몸이 된 것입니다. 항상 감사하는 마음으로 사십시오. (골로 3:9~15)

몸은 하나이지만 많은 지체를 가지고 있고 몸에 딸린 지체는 많지만 그 모두가 한 몸을 이루는 것처럼 그리스도의 몸도 그러합니다.

유다인이든 그리스인이든 종이든 자유인이든 우리는 모두 한 성령으로 세례를 받아 한 몸이 되었고 같은 성령을 받아 마셨습니다. 몸은 한 지체로 된 것이 아니라 많은 지체로 되어 있습니다. …

한 지체가 고통을 당하면 다른 모든 지체도 함께 아파하지 않겠습니까? 또 한 지체가 영광스럽게 되면 다른 모든 지체도 함께 기뻐하지 않겠습니까? (1고린 13:12~14. 26)

09

위대하다 당신의 신실함

주의 천사가 요셉의 꿈에 나타나서 "헤로데가 아기를 찾아 죽이려 하니 어서 일어나 아기와 아기 어머니를 데리고 이집트로 피신하여 내가 알려줄 때까지 거기에 있어라" 하고 일러주었다. 요셉은 일어나 그 밤으로 아기와 아기 어머니를 데리고 이집트로 가서 헤로데가 죽을 때까지 거기에서 살았다. 이리하여 주께서 예언자를 시켜 "내가 내 아들을 이집트에서 불러내었다" 하신 말씀이 이루어졌다. 헤로데는 박사들에게 속은 것을 알고 몹시 노하였다. 그래서 사람을 보내어 박사들에게 알아본 때를 대중하여 베들레헴과 그 일대에 사는 두 살 이하의 사내아이를 모조리 죽여버렸다. 이리하여 예언자 예레미야를 시켜, "라마에서 들려오는 소리, 울부짖고 애통하는 소리, 자식 잃고 우는 라헬, 위로마저 마다는구나!" 하신 말씀이 이루어졌다. (마태 2:13-18)

"이리하여 예언자를 시켜 하신 말씀이 이루어졌다." 이러한 구절들은 복음서에 담긴 예수 탄생 이야기들에서 후렴구처럼 반복됩니다. 예수의 재판 이야기, 죽음 이야기도 마찬가지입니다. 예수의 탄생과 죽음에 관한 이야기들은 처음부터 하느님께서 당신의 약속을 어떻게 지키시는가에 관한 이야기였습니다. 최초의 그리스도인들은 예수의 삶에서, 그리고 그 주위에서 일어난 일들에 관한 기록을 살피며, 그에 관한 기억을 나누며 일종의 기시감을 느꼈습니다. '이건 어디선가 들은 것 같은데? 이것은 분명 무엇과 같지 않은가?'

조금씩, 그들은 저 이야기들의 구체적인 내용과 히브리 성서에 담긴 풍요로운 패턴, 심상, 생각을 연결해 나갔습니다. 아브라함의 아내 사라, 예언자 사무엘의 어머니 한나가 보여주었던 예기치 못한 임신, 야곱의 아내 라헬이 이스라엘 조상 중 막내 베냐민을 낳았던, 그리고 적국에서 온, 가난에 허덕이던 젊은 과부 룻이 환대받고 가문의 사람이 되어 위대한 영웅 다윗 왕의 할머니가 된 곳인 베들레헴, 어린 다윗이 왕국의 목자로 부름받기 전 아버지의 양 떼를 돌보았던 베들레헴 들판에 있던 목자들, 옛 예언자 발람이 이스라엘의 승리를 나타내는 표징이라고 예견했던 별, 시편에서 이방 통치자들이 솔로몬 왕에게 조공으로 주었던 황금과 유향을 선물로 가져온 이방인들, 하느님을 믿지 않는 폭군이 하느님 백성의 아이들을 죽이려 한 일, 필사적인 도피와 이집트에서의 유배 생활… 이 모든 것의 중심에서 평범한 사건이 일어납니다. 품팔이 잡부의 집안 한 아이의 탄생이 너무나도 많은, 일련의 위대한 일들이 절정을 이룰 것 같은 분위기와 암시에 둘러싸여 있습니다. 마치 어떤 연주곡에서 특정 주제를 반복해서 연주하다 점점 더 강렬해지고 끝내 절정에 이르는 것처럼 말이지요. 성육신 사건은 하느님께서 작곡하신 교향곡에서 마지막 승리를 알리는 악장입니다.

예수의 이야기는 약속을 지키시는 하느님의 이야기입니다. 성 바울로가 고린토인들에게 썼듯 "하느님의 모든 약속은 그리스도 안에서 '예'yes가 됩니다"(고린 1:20). 하느님께서는 당신이 언제나 동일한 하느님이심을 보여주십니다. 그분은 질망 가운데(자식이 없어 불행했던 사라나 한나의 불임 상태에서도) 희망을 가져오십니다. 그분은 낯선 이들을 당신의 집으로 거두어주십니다. 안에 있는 이들과 밖에 있는 이들을 가르는, 그 사이에 놓인 장벽이 무너지는 순간 그분은 당신의 가장 큰 선물을 가져오십니다. 그분은 땅끝에서부터 사람들을 불러모아 경이로 이끄십니다(이번에는 화려한 솔로몬의 자리가 아니라 보잘것없는 이들, 소외된 이들 가운데서 당신을 드러내십니다). 그분은 아이들, 광적인 교만과 공포에 영문도 모른 채 무기력하게 희생당한 이들에게 동질감을 느끼셨습니다. 그분은 당신이 사랑하는 이들과 함께 유배지에 내려가셨다가 그들을 다시 본향으로 이끄십니다.

하느님께서는 이렇게 당신이 어떤 분인지를 보여주십니다. 그리고 그분은 앞으로도 동일한 하느님으로 계시리라 약속하셨습니다. 그분은 우리에게 말씀하십니다.

나는 곧 나다. (출애 3:14)

나 주는 변하지 않는다. (말라 3:6)

나는 결코 너를 떠나지도 않겠고 버리지도 않겠다. (히브 13:5)

우리가 신실하지 않을 때 하느님은 신실하십니다. 우리가 도망치거나 심지어 배신하려 할 때도 그분은 변치 않으십니다. 히브리 성서를 통틀어 가장 인상적인 한 장면에서 그분은 우리를 당신의 손바닥에 "새겨" 두셨다고 말씀하십니다(이사 49:16). 그분은 우리 없이 계시지 않겠다고 약속하셨습니다. 그리고 이 절정과 성취의 순간, 하느님께서 작곡하신 교향곡의 최종 악장에서 그분은 결코 우리 없이 계시지 않음을 보여주십니다. 그분은 당신의 거룩한 생명을 인간의 본성에 묶으십니다. 베들레헴 마구간에서 시작된 이 연결을 말하지 않고는 그분을 말할 수 없습니다.

어떤 면에서, 성육신 사건은 하느님께서 집요하게 활동하심으로써 승리를 거두시는 이야기입니다. 그 무엇도 사랑하며 부르시는 이들과 함께 계시기로 한 하느님의 결정을 뒤흔들지 못했으며 앞으로도 이는 흔들리지 않을 것입니다. 성 바울로가 반복해 말했듯 그 무엇도 그리스도 예수의 삶과 죽음과 부활을 통해 나타난 하느님의 사랑에서 우리를 끊어낼 수 없습니다.

그러나 또 다른 측면에서 보면 성육신 사건은 상상할 수 없을 정도의 희생과 명백한 비극이 담긴 이야기이기도 합니다. 하느님께서 이러한 방식으로 우리와 함께 계시기로 하셨다면 그분은 우리의 약함에 참여하시고, 우리의 배신에 굴욕을 당하시며, 다른 데 습관을 들이려는 우리의 무심한 결정의 결과를 감수하셔야 하기 때문입니다. 예언자 호세아는 이를 신실한 남자와 신실하지 않은 여자의 결혼, 그리고 그 결혼을 거부하는 남자와 같은 심상을 들어 묘사합니다. 오늘날에도 신실한 사람이 배우자가 신실하지 못할 때에도 관계를 이어가는 일은 흔치 않습니다. 게다가 이러한 상황에서 신실함은 순진함, 어리석음, 무의미한 자기 고문에 가까워 보입니다. 그러나 하느님께서는 알고 계신 것 같습니다. 우리가 자유를 빌미로 인간이 되신 그분을 향해 어떤 제약과 굴욕을 준다 해도 우리는 그분 없이 살 수 없음을 말이지요. 그리고 그분은 우리의 안녕을 위해 모든 것을 받아들이십니다.

결국 성육신 사건은 하느님의 사랑과 우리의 흔들리지 않는 연대에 관한 이야기입니다. 우리가 고통 속에 잠겨 있는 와중에도 이 연대는 흔들리지 않으며, 우리가 그분을 향해 반역하고 배반할 때도 이 연대는 굳건히 서 있습니다. 중세 시기 한 그리스 신학자는 이를 의도적으로 "광적인 사랑"manike eros, 곧 '광기에 사로잡힌 헌신', '집착'이라는 말로 표현했습니다. 이 연대를 바탕으로 우리는 우리 자신의 연대, 자신의 신실함, 누군가와 한 약속을 점검해야 합니다.

우리 자신을 더 잘 이해하려면 세 가지를 깊이 생각해보아야 하겠습니다. 첫 번째는 우리와 다른 누군가가 맺은 연대, 우리 사회와 더 넓은 세계에서 동료 시민 및 동료 인류와 맺은 연대, 그리고 이에 대한 신실함입니다. 경제 위기가 불어 닥쳤고 공공부문 예산이 삭감되었습니다. 이로 인해 어떠한 문제가 발생할지는 불 보듯 뻔합니다. 이러한 상황과 마주해 우리는 어떻게 서로에게 신실하려는 감각을 유지하고, 서로에 대한 부담을 선뜻 짊어질 수 있을까요? 이웃이 치명적인 피해를 입고 위협받을 수 있는 상황에서도 안전함을 느끼는 환경을 조성하려면 우리는 어떠한 노력을 기울일 수 있을까요? 우리는 하나의 사회로서 이 힘겨운 시기를 견딜 수 있습니다. 다만 이 힘겨움을 사회 구성원들이 공정하게 나누어 짊어지고 있음을 확신할 수 있을 때만 그렇습니다. 모든 이가 자기 이웃에게 그가 누구이든 헌신하고 있다는 표징이 있을 때만, 이로써 누구도 소외되지 않을 때만, 이러한 문제에 이익집단과 압력단체가 관심을 집중할 때만 우리는 이를 확신할 수 있습니다. 지난 2~3년간 우리 모두를 뒤흔든 신뢰의 위기가 있었습니다. 가장 부유하고 힘 있는 이들이 그들이 짊어져야 할 바를 짊어지지 않는다는 인식이 남아 있는 이러한 상황에서, 확신을 갖기란 쉽지 않습니다. 우리가 준비되었다면, 우리 '모두'가 준비되었다면, '큰 사회'Big Society*라는 말로 대표되는 도전에도 우리는 응할 수 있습니다. 우리에게는 여전히 서로에 대한 신뢰를 회복할 기회가 있습니다. 정부가 제시하는 방향에 냉소를 보내는 것만으로는 아무 소용이 없습니다. 저

---

* 영국 보수당이 이끄는 캐머런 연립정부가 내건 정책기조를 대표하는 말. 시민사회 단체에게 공공서비스를 위탁하고 협동조합, 자선단체, 사회적 기업 등을 육성하며 지역사회 주민들이 지방 행정에 실질적인 역할을 담당할 수 있는 기회를 넓히는 등 정부 실패, 시장 실패의 대안으로 사회를 부각시켜 사회 문제 해결의 주체를 국가에서 민간과 지역사회로 이전하는 것을 핵심으로 한다.

커다란 정책들을 무엇이라 부르든 우리가 응해야 할 도전은 언제나 같습니다. 그것은 바로 건설적인 일을 함께 떠안음으로써 신뢰를 일구는 것입니다.

두 번째는 첫 번째 문제와는 조금 성격이 다르지만 현대인인 우리에게 또 하나의 도전을 주는 문제입니다. 그것은 바로 결혼입니다(그 어떠한 문제보다 개인적인 문제이지만 그 어떠한 정치적, 사회적 문제만큼이나 큰 문제가 결혼의 위기입니다). 우리는 어떠한 부부든 그리스도교적 결혼이라는 모험을 해 나가기를 축복해야 합니다. 그리스도교 신앙에서 결혼이란 하느님의 헌신적인 사랑의 표징이자 이를 기리는 성사입니다. 그러므로 결혼은 희망의 표징입니다. 저는 다가오는 해에, 여러분이, 한 사회로서, 신중하게, 그리고 상상력을 발휘해 일평생 누군가에게 충실히 하는 것, 서로의 이기심을 버려가는 과정이 얼마나 커다란 선물인지를 생각해 보기를 바랍니다. 약속을 지키시는 하느님에 관한 성육신 이야기에 비추어 결혼 생활을 바라본다면, 우리는 긴 시간 신실함과 연대를 이어가기가 얼마나 쉽지 않은 일인지를 알 수 있습니다. 배우자로서 우리는 우리 자신이 어리석고 무능하다고 느낄 때가 있습니다. 위기나 다툼이 있고 난 뒤 서로를 용서하고 새로 관계를 세울 기운이나 자원이 없다고 느낄 때가 있습니다. 배우자에게 쏟는 헌신 때문에 자신의 자유가 제한되지 않기를 바랄 때도 있습니다. 그러나 우리는 또한 알고 있습니다. 결혼 당사자 중 한 사람의 끈질긴 사랑으로 특별한 일이 일어나는 경우가 있음을, 배우자를 향한 신실함으로 극심한 병이나 장애, 트라우마와 같은 시험을 견뎌내는 부부가 있음을 말이지요. 저는 이따금 현역 군인 가족과 이야기를 나누며 깊이 감동합니다. 그들이 보여주는 연대의 감정, 관대함, 희생은 마음 깊은 곳까지 울림을 줍니다.

우리 문화에는 누군가가 결혼을 한다고 하면 이를 가벼운 이야기 소재로 삼아버리는 경향이 있습니다. 결혼을 연대를 향한 둘의 발걸음으로 바라보고 축복할 때, 둘이 함께 삶을 빚어가는 모습에서 헌신의 영감을 얻을 때, 우리의 삶은 훨씬 더 윤택해지고 깊어질 것입니다. 그리스도교 신앙의 언어로 표현한다면 약속을 끝까지 지키시는 하느님의 본성을 알게 될 것입니다.

마지막으로 언급할 문제는 그리스도교 신앙을 가졌다는 이유로, 정의를 증언한다는 이유로 이 세계 어딘가에서 고통받고 있는 형제자매들과 우리의 연대입니다. 모든 그리스도교 축일과 절기마다 우리는 마땅히 이를 되새겨야 합니다. 다시 한번, 기억에 새겨둡시다. 아직도 짐바브웨에 있는 신앙의 형제들은 사람들에게 괴롭힘과 매질을 당하며 때로는 체포되어 온갖 법률적 압박을 받고 있습니다. 때로는 교회에 갇히기도 합니다. 이들의 고통을 기억하십시오. 이라크에서는 광신도들의 극단적인 폭력 때문에 그리스도교인들이 점점 더 사면초가에 빠져들고 있습니다. 이 상황에서 다른 그리스도교인뿐만 아니라 무슬림들도 이들과의 연대에 동참했다는 것은 엄청난 은총입니다. 이들을 기억하십시오. 파키스탄의 아시아 비비Asia Bibi*, 그리고 그녀를 포함해 특정 집단의 법 남용으로 고통받고 있는 소수 공동체를 향한 기도도 쉬지 말아야 합니다. 이러한 상황들을 마주했을 때 우리는 무기력해지기 쉽습니다. 그러나 그러한 상황에 놓인 이들이 있음을 잊지 않는 것만으로도 그들은 힘을 얻을 수 있습니다. 기억하십시오. 여러분이 시간을 쪼개 양심수를 위한 편지 쓰기 운동에 동참하고자 한다면 국제앰네스티Amnesty International와 세계기독연대Christian Solidarity Worldwide를 찾아보십시오. 많은 일을 할 수 있습니다.

경제 정의, 그리스도교적 결혼, 박해받는 이들과의 연대. 여러분은 문제가 너무 많다고, 저 도전들에 응하기 위해서는 무수한 요인들을 검토해야 한다고 생각하실지도 모르겠습니다. 그러나 저 셋의 핵심은 결국 우리의 신앙을 지키는 것, 위험을 나누며 끌어안는 것, 우리의 삶이 서로 엮여 있음을 인식하는 것입니다. 그리고 이 모든 것은 하느님의 목적, 하느님께서 하시는 활동, 그분의 "행동의 습관"이 가장 뚜렷하게 드러나는 사건에 뿌리내리고 있습니다. "이는 주께서 하신 말씀을 이루시려는 것"이며 그분께서 하신 모든 약속에 "예"라고 응답하는 것입니다.

히브리 성서를 통해, 주 예수의 삶과 죽음을 통해 하느님께서는 당신이 어떤 분이신지 보여주셨습니다. 그분은 오늘, 그리고 내일, 앞으

---

* 2009년 파키스탄의 과일 농장 노동자이자 로마 가톨릭 교인인 아시아 비비가 그리스도교 신앙을 내세우고 무함마드를 모욕했다는 이유로 신성모독죄로 기소되어 교수형을 선고받은 일을 가리킨다. 현재까지도 그녀는 감옥에 수감 중이다.

로도 영원히 그러하시리라고 우리에게 약속하십니다. 그분은 당신의 본성을 결코 배신하지 않으십니다. 그래서 그분은 우리를 배신하지 않으십니다. 그리고 성령께서 주시는 선물로 우리는 힘을 얻습니다. 이 힘과 능력으로, 우리가 처한 모든 상황과 시시각각 다가오는 문제들 앞에서도 그분의 신실한 사랑이 우리를 통해 흘러나가기를, 그분의 영원한 목적과 흔들리지 않는 사랑을 따라 점점 더 많은 이들의 삶이 충만해지기를.

하느님께서 우리 편이 되셨으니 누가 감히 우리와 맞서겠습니까? 우리 모든 사람을 위하여 당신의 아들까지 아낌없이 내어주신 하느님께서 그 아들과 함께 무엇이든지 다 주시지 않겠습니까? 하느님께서 택하신 사람들을 누가 감히 고소하겠습니까? 그들에게 무죄를 선언하시는 분이 하느님이신데 누가 감히 그들을 단죄할 수 있겠습니까? 그리스도 예수께서 단죄하시겠습니까? 아닙니다. 그분은 우리를 위해서 돌아가셨을 뿐만 아니라 다시 살아나셔서 하느님 오른편에 앉아 우리를 위하여 대신 간구해 주시는 분이십니다.

누가 감히 우리를 그리스도의 사랑에서 떼어놓을 수 있겠습니까? 환난입니까? 역경입니까? 박해입니까? 굶주림입니까? 헐벗음입니까? 혹 위험이나 칼입니까? 우리의 처지는, "우리는 종일토록 당신을 위하여 죽어갑니다. 도살당할 양처럼 천대받습니다"라는 성서의 말씀대로입니다. 그러나 우리는 우리를 사랑하시는 그분의 도움으로 이 모든 시련을 이겨내고도 남습니다. 나는 확신합니다. 죽음도 생명도 천사들도 권세의 천신들도 현재의 것도 미래의 것도 능력의 천신들도 높음도 깊음도 그 밖의 어떤 피조물도 우리 주 그리스도 예수를 통하여 나타날 하느님의 사랑에서 우리를 떼어놓을 수 없습니다. (로마 8:31~39)

날이 저물어 선들바람이 불 때 야훼 하느님께서 동산을 거니시는 소리를 듣고 아담과 그의 아내는 야훼 하느님 눈에 뜨이지 않게 동산 나무 사이에 숨었다. 야훼 하느님께서 아담을 부르셨다.

"너 어디 있느냐?"

(창세 3:8~9)

10

생명의 말씀, 기도의 말

한처음, 천지가 창조되기 전부터 말씀이 계셨다. 말씀은 하느님과 함께 계셨고 하느님과 똑같은 분이셨다. 말씀은 한처음 천지가 창조되기 전부터 하느님과 함께 계셨다. 모든 것은 말씀을 통하여 생겨났고 이 말씀 없이 생겨난 것은 하나도 없다. 생겨난 모든 것이 그에게서 생명을 얻었으며 그 생명은 사람들의 빛이었다. 그 빛이 어둠 속에서 비치고 있다. 그러나 어둠이 빛을 이겨본 적이 없다. (요한 1:1-5)

최초의 그리스도인들이 요한의 복음서 첫 부분을 읽었을 때(더 많은 경우에는 들었을 때), 그들은 우리보다 그 말씀을 훨씬 잘 이해했을 것입니다. 그들 중 많은 이가 히브리어에서 '말'과 '사건'이 같다는 것을 떠올렸을 것이며, 그리스어에서 '말'이라는 단어가 매우 폭넓은 의미를 갖고 있음을(가장 단순한 수준에서는 말해진 무언가, 어떤 양식, 이유, 좀 더 나아가서는 우리에게 이치에 맞는 것으로 보이는 세계의 전체 구조, 만물을 조화롭게 유지하고 우리의 생각을 가능케 하는 구조임을) 모르는 이는 아무도 없었을 것입니다.

이러한 배경을 고려한다면 우리는 복음서에서 예수에 관해 말한 것이 무엇을 의미하는지를 어렴풋이 짐작해낼 수 있습니다. 예수의 삶은 하느님께서 말씀하시는 사건이자 하느님께서 행하시는 활동입니다. 예수의 삶에서 만물과 모든 사건은 조화를 이룹니다. 예수 안에서 살아 숨쉬는 그 삶이 바로 '생명'이기 때문입니다. 예수는 모든 현실이 핵심에 이르는 곳이기도 합니다. 예수를 통해 우리는 모든 현실, 곧 모든 인간 경험과 모든 자연법칙이 연결되었음을 볼 수 있습니다. 언젠가 에드워드 엘가Edward Elgar가 자신이 작곡한 「수수께끼 변주곡」Enigma Variations을 두고 남긴 유명한 말이 있습니다. "이 곡은 모든 사람이 아는 곡조를 기반으로 하지만 아무도 내가 의도한 바를 이해하지 못했다." 요한의 복음서는 우리가 마주하는 무한할 정도로 다양한 삶이 모두 나자렛 예수의 삶에서 비롯된 하나의 곡조, 한 선율의 변주라고 선언합니다.

> 모든 것이 그에게서 생명을 얻었으며 그 생명은 사람들의 빛이었다.
>
> (요한 1:3~4)

그러나 이러한 선언 때문에 성육신 사건에 담긴 근본을 잊어버려서는 안 됩니다. 예수 안에서 살아 숨 쉬는 생명, 그를 통해 육신이 된 영원한 하느님의 활동은 우리에게 전달된 '말'입니다. 우리에게 전달된 다른 말들처럼 육신이 된 '말씀'은 응답을 요구합니다. 이어서 복음서는 기대했던 응답이 이루어지지 않았다고 기록합니다. 복음서 본문 중 우리는 성탄을 기념하기 전에 성금요일, 곧 예수의 오심을 통해 이 세계가 응답하는 자와 응답하지 않는 자로 갈린다는 쓰라린 진실을 목격합니다. 말씀이 세계에 전해지면 이제 뒤로 돌아갈 길은 없습니다. 이 전해진 말씀에 응답하는 것은 복음서가 되풀이해서 말했듯 우리가 진정으로 누구이며 어떤 존재인지, 우리 내면 가장 깊은 곳에 자리한 것이 무엇인지, 무엇을 가장 의미 있다고 여기는지를 보여줍니다. 달리 말하면 우리는 예수께 응답하는 과정에서, 응답하며 말하고 행동함으로써 우리 자신이 누구인지를 발견하며 우리 안에 진정으로 있는 것이 무엇인지, 우리를 위해 진정 필요한 것이 무엇인지를 발견합니다. 그리고 이를 다른 이에게 드러냅니다. 다른 복음서 저자들과 마찬가지로 요한은 예수가 누구인지를 온전히 알지 못한다 해도, 아니면 그가 건넨 말에 응답해 자신이 하고 있는 일이 정확히 무엇인지를 알지 못한다 해도 깊고도 진실하게 그에게 응답하는 이들이 있음을 강력하게 암시합니다. 이는 종교적 배타주의를 옹호하는 이야기가 아닙니다. 그러나 진리는 타협을 거부합니다. 우리에게 전해진 말에 응답할 수 없거나 응답하지 않는다면, 우리는 참된 현실에서 벗어나 아무런 길도 보이지 않는, 안개로 휩싸인 거짓의 영역에 발을 들이게 됩니다.

여기에 우리가 회피할 수 없는 물음이 있습니다. 성서가 던지는 첫 번째 물음은 하느님을 향한 인간의 물음이 아니라 인간을 향한 하느님의 물음입니다. 쌀쌀한 저녁 에덴동산을 거닐며 하느님께서는 당신에게서 숨으려 하는 아담과 하와를 찾으십니다.

아담아, 너는 어디에 있느냐? (창세 3:9)

예수의 삶은 이 물음을 실제 인간의 삶, 살과 피로 이루어진 인간의 대화와 만남으로 번역한 것이라 할 수 있습니다. 사람들이 예수를 만났을 때, 사마리아 우물가에서 예수와 이야기를 나눈 여인이 그랬듯 "내가 한 일을 모두 알아맞히신 분이 계십니다"라고 고백한 것을 제외하면 말이지요. 그리스도교 신앙과 실천의 핵심부에는 바로 저 인간을 향한 하느님의 물음과의 만남이 있습니다.

너는 누구냐? 너는 어디에 있느냐?

여러분은 예수 안에서 살아 숨 쉬는 생명의 삶, 은총과 진리에 기대어 사는 삶, 아낌없이 관대하며 더 없이 정직한 삶, 다른 이들에게 생명을 주는 유일한 삶의 편에 서 있습니까? 아니면 여러분 자신의 편, 타인과 세계와 단절하고 경쟁하며, 자신이 받은 선물을 나누기보다는 비축하고 그 선물을 통제하려 집착하는 편에 서 있습니까?

생명의 편에 서는 것은 일시적으로 편안함을 주는, '삶을 긍정하는' 애매모호한 위로의 철학을 긍정하는 것이 아닙니다. 오히려 생명의 편에 서는 것은 기꺼이 우리 자신 안에 있는 추잡하고 두렵고 진실하지 않으며 회피하고 싶은 모든 것과 직면하고, 빛이 이를 비추게 하는 것을 의미합니다. 요한의 복음서 마지막 장의 베드로처럼, 우리는 다만 예수 안에 있는 진리를 사랑하려 한다고 말할 수 있을 뿐입니다. 우리가 그의 영을 거슬러 저지른 모든 것을 인정하는 순간조차 말이지요. 이렇게 말하는 것은 갓 태어난 아기의 모습으로, "은총과 진리가 충만"한 모습으로 불가해한 신비의 사랑이 우리를 찾아왔고 그 사랑을 우리가 받고 있음을 신뢰하기 때문입니다.

육신이 된 말씀에 응답할 말을 찾는 것은 언제나 인간에게 가장 어려운 일이었고 지금도 그렇습니다. 절대로 종교적인 언어가 우리가 쓰는 다른 언어보다 쉽거나 막연하다고 생각하지 마십시오. 오히려 정반대입니다. 성 요한은 복음서를 기록하며 공들여 천천히, 때로는 구절을 반복하며 완급을 조절해 예수께서 조금씩 대화를 풀어가며 관점을 변화하실 수 있게 했음을 생각해 보십시오. 성 바울로 역시 글을 쓸 때부러 속도를 늦추며 너무도 새롭기에 전례 없는 무언가를 표현하기 위해 수많은 단어를 고르고 골라 온갖 은유를 활용했습니다. 그리스도교가 등장한 이래 나타난 수많은 위대한 그리스도교 시인들, 관상가들 역시 마찬가지입니다. 많은 경우 우리가 자신의 말을 표현하려면 다른 사람들이 썼던 말을 끌어다 써야 합니다. 이는 지극히 자연스러운 일입니다. 또한 깊이 있는 삶, 진실한 삶을 살았던 이들이 썼던 말을 간직하고 있다는 것은 매우 중요합니다. 그리고 이러한 맥락에서 우리가 함께 예배드릴 때 쓰는 언어는 참으로 소중합니다.

다가오는 해는 공동기도서, 『성공회 기도서』Book of Common Prayer가 나온 지 350년이 되는 해입니다. 이 기도서는 수백만 사람들의 마음과 정신을 빚어냈습니다. 이렇게 될 수 있었던 이유 중 하나는 이 기도서가 단 한 번도 개인만을 위한 기도서였던 적이 없었기 때문입니다. 공동기도서는 말 그대로 공동기도, 즉 기도를 함께 하기 위해 만든 책입니다. 유래를 살펴보면, 사람들은 이 기도서를 온 사회의 구성원이 하느님께 함께 응답하고자 하는 바를 규정한 책으로 여겼습니다(오늘날 사람들은 이러한 생각을 놀랍게 여길지도 모르겠습니다).

하느님께서 성서를 통해, 예수를 통해 우리에게 던지신 질문, "너는(혹은 너희는) 어디에 있느냐", 혹은 "너는(너희는) 누구냐"에 사람들은 한 개인으로서뿐 아니라 한 사회로서 응답할 수 있었습니다.

> 여기 저희가 있습니다. 우리의 실패와 이상들을 깨닫게 하소서.
>
> 성서의 이야기가 우리의 이야기임을 깨닫게 하소서.
>
> 함께 살아갈 힘을 주소서.
>
> 함께 신실하고 공정하며 연민과 관대함이 넘치게 행동케 하소서.

공동기도서는, 놀랍게도 우리가 서로에게 어떻게 행동하고 있는지를 너무나 분명하게 그려놓았습니다. 물론 기도서에 있는 많은 표현은 구식으로 느껴집니다. 우리는 누가 우리 자신을 어떻게 보든 신경 쓰지 않으며, 사회적 위계를 가진 세계에 살고 있지 않습니다. 그러나 공동기도서를 지배 계급이 민중을 통제하기 위해 만든 책이라고 쉽고 냉소적으로 결론 내리기 전에, 지배 계급에 있던 이들이 기도서를 통해 자신들이 가진 권력이 무엇인지를 기억하고 낮은 곳으로 내려가는, 타협하지 않는 길을 걸어갔음을 깊이 생각해 보아야 합니다. 지금은 거의 쓰지 않지만 옛 공동기도서에 담긴 긴 권고에는 사람들이 성찬례에 참여하기 전에 자기 자신에게 어떤 물음을 물어야 하는지와 함께 16세기 중반 소수의 상류층이 땅과 재산을 차지하던 경제 질서에 대한 예리한 비판이 녹아 있습니다.

공동기도서는 여전히 여러분이 쉽게 접할 수 있는 기도서이며 셀 수 없이 많은 이에게 신앙의 신비를 표현하는 데 적절한 언어가 되는 말들과 구절들을 담고 있는 보고寶庫입니다. 기도서에는 하느님 앞에서 우리가 어디에 있는지, 누구인지를 표현하는 말이 담겨 있습니다.

    우리는 길 잃은 양처럼 당신의 길에서 벗어나 헤맸습니다.
    우리는 당신의 식탁 아래 떨어진 부스러기조차 거둘 자격이 없습니다.

하지만 동시에 기도서는 말합니다.

우리는 곧 당신의 아들의 신비로운 몸에 참여하는 지체,
모든 신실한 사람의 복된 공동체입니다.
우리는 영원한 나라를 소망함으로써 상속자가 됩니다.

기도서에는 우리가 피할 수 없는 역설을 고수하시는 하느님을 표현하는 말도 담겨 있습니다.

언제나 우리가 기도하는 것보다 더 귀 기울이시는 … 하느님,
자비와 연민을 보여주심으로 당신의 전능한 힘을 선포하시는 주여,
당신은 언제나 자비로우시나이다.

기도서는 하느님을 표현하는 말들의 보고임과 동시에 전체 사회에 대한 이상을 꿈꾸게 해주는 영감의 원천이 되기도 합니다.

우리에게 커다란 은총을 주소서.
불행한 분열로 인해 우리는 큰 위험에 처하게 되었습니다.
우리에게 마음을 두소서.

여러분이 하느님뿐 아니라 여러분의 이웃에게 범한 죄를 깨달아 알 수 있다면, 여러분은 그들과 화해하고 범죄를 배상하게 될 것입니다.

세상은 바뀌었고 우리의 말투와 운율도 바뀌었습니다. 이 사회는 되돌릴 수 없을 정도로 다원화되었습니다. 우리는 하느님께 말하고 우리와 함께하시는 그분 앞에서 우리가 누구인지를 확인하는 방식과는 다른, 대체로 이와 공명하지 않는 방식을 취해 왔습니다. 오늘날 공동기도서만 쓴다면, 우리는 신앙 고유의 낯선 신비와 복고적인 언어의 낯선 아름다움을 혼동하게 될지 모릅니다. 그러나 더 큰 위험은 우리가 종종 교회에서 그렇게 하듯 기도서를 잊어버리거나 이를 한쪽 구석으로 내몰아버리는 것입니다. 우리는 기도서가 '온 사회를 위한 책'이라는 사실을 잊지 말아야 합니다. 기도서는 하느님을 향한, 그리고 다른 이를 향한 의무를 하나로 묶어주는 책, 사랑과 의무를 기쁨으로 촘촘하게 행할 수 있도록 도와주는 책입니다. 기도서에 담긴 이 함의를 우리는 잊지 말아야 합니다.

공동기도서는 한때 온 사회가 말씀에 응답할 말을 찾는, 하느님의 물음 앞에 자신이 누구이며 어디에 있는지를 답하기 위한 말을 찾는 길이었습니다. 잊지 마십시오. 공동기도서로 기도한 이들 중에는 노예무역을 폐지하고 미성년 노동에 종지부를 찍은 이도 있었습니다. 그들은 공동기도서와 성서를 통해 배운 것, 곧 하느님을 공경하고 하느님의 자녀를 존귀하게 대하라는 가르침을 삶으로 실천했습니다. 그들은 기도서와 성서가 자신의 이야기임을 알았습니다. 그들은 그들 자신을 위해 어떻게 응답해야 할지를, 엉망진창이 된 자신들의 삶을 하느님의 변치 않는 진리와 은총과 연결지어 일관된 양식으로 정돈할 줄 알았습니다. 그러므로 공동기도서를 기념하는 날은 박물관에 진열된 유물을 기념하는 날이 아닙니다.

오늘날 우리가 직면한 가장 중대한 질문은 한 사회로서 우리가 누구이며 어디에 있느냐는 물음입니다. 구성원들의 결속은 깨졌습니다. 신뢰는 남발되었고 사라졌습니다. 도시의 폭도는 지역 공동체를 섬기는 자그마한 가게를 아무런 생각도 없이 태워버립니다. 투기자는 금융 세계라는 가상현실에서 탐욕스러운 도박을 벌입니다. 그러나 그로 인해 다른 누군가가 져야 할 대가를 어떻게 할 것이냐는 질문을 받을 때면 등을 돌려버립니다. 그들 모두 칠흑 같은 암흑에 떨어져 돌아다니는 원자와 다를 바 없습니다.

그 암흑 속으로, 사랑과 심판으로 하느님의 말씀이 들어오셨습니다, 그분은 단 한 번도 포기한 적이 없으십니다. 어두움 가운데 그분은 우리 한 사람 한 사람에게, 교회에게, 이 사회에게 물으십니다. 그 물음은 그 어느 때보다 분명한 소리로 퍼져 나갑니다.

너희는 어디에 있느냐?

너희는 어떤 말로 내게 응답하겠느냐?

그 말은 어디에 있느냐?

하느님의 아들 예수 그리스도는 이랬다저랬다 하시는 분이 아닙니다. 그리스도에게는 언제나 진실이 있을 따름입니다. 하느님의 모든 약속이 그리스도를 통해서 그대로 이루어졌기 때문입니다. 그래서 우리는 그리스도를 통해서 하느님을 찬양하며 "아멘"하고 응답합니다. 그리스도를 통해서 여러분과 우리를 굳세게 해주시고 우리에게 기름을 부어 사명을 맡겨주신 분은 하느님이십니다.

(1고린 1:19~21)

2부 부활에 관하여

예수께서 마리아에게 "왜 울고 있느냐? 누구를 찾고 있느냐?" 하고 물으셨다. 마리아는 그분이 동산지기인 줄 알고 "여보셔요. 당신이 그분을 옮겨갔거든 어디에다 모셨는지 알려주셔요. 내가 모셔 가겠습니다" 하고 말하였다.

예수께서 "마리아야!" 하고 부르시자 마리아는 예수께 돌아서서 히브리 말로 "라뽀니!" 하고 불렀다. (이 말은 '선생님'이라는 뜻이다.) 예수께서는 마리아에게 "내가 아직 아버지께 올라가지 않았으니 나를 붙잡지 말고 어서 내 형제들을 찾아가거라. 그리고 '나는 내 아버지이며 너희의 아버지 곧 내 하느님이며 너희의 하느님이신 분께 올라간다'고 전하여라" 하고 일러주셨다.

막달라 여자 마리아는 제자들에게 가서 자기가 주님을 만나 뵌 일과 주님께서 자기에게 일러주신 말씀을 전하였다.

(요한 20:15~18)

01

내려놓기

예수께서는 마리아에게 "내가 아직 아버지께 올라가지 않았으니 나를 붙잡지 말고 …" 하고 일러주셨다. (요한 20:17)

이 장면에서 막달라 여자 마리아는 예수가 자신이 기억하는 그 예수로 돌아오기를 바랍니다. 하지만 이는 실패로 끝납니다. 그녀는 예수의 시신을 정해진 곳에 두기를, 자신이 돌볼 수 있는 무덤에 안장하기를 바랍니다. 예수가 그녀에게 나타났을 때(이는 성서 전체에서 가장 감동적인 장면 중 하나입니다), 마리아는 본능적으로 생각했습니다. '그래. 그분이 내가 기억하던 그분으로 돌아왔어. 그래, 결국 그를 만나게 된 거야.' 예수는 사라지지 않았습니다. 그는 미지의 목적지로 떠나버리지 않았습니다.

하지만 예수는 그녀에게 경고합니다. 그는 그녀가 상상할 수도 없는, 새로운 미지의 목적지로 가고 있다고 말입니다. 그는 아버지께로 가고 있습니다. 이제는 그를 모든 것의 원천 곁에 사시는 분으로 말하고 생각하는 것 외에는 그에 관해 말하거나 생각할 수 있는 진실한 방법이란 없습니다. 예수가 마리아에게 전한 짧고도 갑작스러운 말은 우리가 신조를 암송하거나 성찬례에서 빵을 뗄 때 기념하는 모든 신비를 담고 있습니다. 예수는 이 말을 통해 아버지께서 주시는 바로 그것, 생명, 영광, 용서, 변화를 우리에게 주신다고 말씀하십니다. 죽음을 통해 그는 실재의 중심에 이르렀습니다. 그는 그가 왔던 곳으로 되돌아갔습니다. 요한의 복음서 첫 부분에서 우리는 하느님의 말씀이 영원 전부터 "아버지의 품 안에" 계셨다는 이야기를 읽었습니다. 그분은 예수의 살과 피로 우리에게 오셔서 하느님의 사랑으로 영광을, 빛나고 굳건한 생명을 부어주셨습니다. 그분은 고통과 죽음을 기꺼이 받아들이심으로써 그 사랑을 가장 온전히 보여주셨습니다. 이 죽음이 우리를 완전히 자유케 함을 우리가 받아들일 수 있다면, 그분은 거룩한 생명의 은총을 우리와 함께 나누십니다. 예수께서는 아버지께로 가시어 아버지의 품 안, 그의 자리에서 그와 아버지의 친밀함을 나누어 주는 진리의 영을 선물로 보내십니다.

이를 깨닫는 것은 우리가 예수를 우리 마음대로 소유할 수 없음을 깨달음을 뜻합니다. 부활 이후 예수께서는 이를 드러내셨습니다. 예수의 생명은 아버지 하느님의 생명과 동일하게 파괴될 수 없으며, 우리는 더는 친밀한 인간 예수에게로 돌아갈 수 없습니다. 우리는 예수를 이제는 볼 수 없는, 사랑하는 이에 관한 기억처럼 따스한 기억으로 남겨둘 수 없습니다. 그분은 살아계십니다. 그분은 우리 앞에서 아버지의 품으로 가는 길을 여십니다. 그리스도교 신앙은 위대한 스승이나 하나의 모범으로서 예수를 되돌아보거나 그리워하지 않습니다. 그리스도교 신앙은 예수께서 이끄시는 곳을 향해, 우리가 사는 세계의 역사 안에서 생명으로 이끄시는 하느님과 함께 궁극적으로 안식을 누릴 본향을 향해 나아갑니다. 그러므로 그분은 말씀하십니다.

　　나를 붙잡지 말라.

또한 말씀하십니다.

　　가서, 다른 이들을 여정에 데리고 와라.

부활 사건은 우리가 무엇을 그토록 붙잡으려 하는지, 그리고 어디에 그토록 가려 하는지, 얼마만큼 우리가 본래 맡은 과업과 본래 가야 할 여정에서 벗어나 있는지를 묻게 합니다. 또한 그렇게 강제합니다. 물음은 다양한 방식으로 다양한 지점에서 일어날 수 있지만, 저는 '전쟁'이라는 한 가지 문제에 관해 묻고자 합니다. 이 물음을 통하여 우리는 세계에서, 국가에서 우리가 서 있는 지점에 관한 중요한 통찰을 얻을 수 있습니다.

우리는 우리 자신이 옳음을 확신하고 싶은 마음에 예수를 붙잡곤 합니다. 우리는 예수가 '우리가' 그를 볼 수 있는 곳에, 그를 주무를 수 있는 곳에 있기를 바랍니다. 그래야 우리가 하는 일이 옳은 일인지, 그가 우리 편에 있는지 아닌지를 확실하게 알 수 있기 때문이지요. 종교적인 문제로 갈등이 일어날 때 우리는 그렇게 행동합니다. 윤리적인 문제를 두고 논쟁할 때도 우리는 그렇게 행동합니다. 정치적인 문제로 부딪힐 때도 우리는 그렇게 행동합니다. 우리는 예수와 함께, 그분을 따라 어디인지 헤아릴 수조차 없는 새로운 생명으로 가는 길을 택해 믿음으로 나아가기보다는, 지금의 상태를 유지하고 만족하는 길을 택합니다. 우리가 옳다고 생각할 때 느껴지는 만족은 왠지 우리가 예수를 따라 아버지께로 가는 길에 서 있는 듯한 기분이 들게 합니다. 그때 우리는 그 기분이 아버지께서 주시는 기쁨과 위로라 여깁니다. 우리는 복음이 전하는 심대하고도 강력한 확신, 용서와 미래를 약속받는다는 확신 대신 우리 자신이 만족감을 느끼는 상像을 택합니다.

이 유혹은 강력합니다. 최근 수개월 동안, 우리는 이라크 전쟁의 정당성을 두고 여러 논쟁이 격렬하게 벌어지는 모습을 목격했습니다. 일부 전쟁 반대자들은 권력을 가진 이들의 동기는 전적으로 부패했다고, 그들은 탐욕과 부정직으로 가득 차 있으며 피에 굶주려 있다고 주장합니다. 그들은 개인의 사악함이 문제라고 규정함으로써 그것만 제

거해 내면 문제가 해결될 수 있다는 것처럼 말합니다. 그런데 일부 전쟁 옹호자들도 이와 동일하게 선악을 가리는 것이 불가능하다는 생각을 비판하는 이들을, 가공할 만한 잔학 행위의 편에 서서 민족들의 고통에 무관심한 것을 비판하는 이들을 비난하기도 합니다. 한쪽에서는 사담 후세인Saddam Hussein이나 연합군 지도자들이나 매한가지라고 말합니다. 다른 한쪽에서는 서리주Surrey 치안판사이자 보수당 지지자였지만 놀랍게도 2월에 행해진 반전 거리시위에서 자기가 있어야 할 자리를 찾았다던 한 노파가 사담 후세인만큼이나 문제라며 비난합니다. 한편에서 외칩니다. "제국주의자들!", "도살자들!", "석유 때문에 피를 흘리게 하는 사람들!" 반대쪽에서도 소리 지릅니다. "타협분자들!", "똑똑한 바보들!"

  이라크 전쟁을 두고 일어난 갈등은 단순히 우리가 논란에 어떻게 처신하는지만을 보여주는 것이 아닙니다(물론 대중사회에서 일어나는 논쟁은 많은 경우 야만스러울 정도로 천박하며 저 갈등도 이와 같은 모습을 보여주고 있습니다). 이 갈등이 보여주는 진짜 문제는, 모든 결정에는 수많은 동기와 불확실한 이해가 얽혀 있으며 모든 생각에는 (가장 심각한 문제를 다룰 때조차) 편견, 기질, 감정 등의 보이지 않는 요소가 담겨 있음을 거부하려는, 기이한 습성이 우리 안에 있다는 것입니다. 또한 이 갈등은 우리가 특정 입장을 지지할 때 온갖 복잡다단한 요소들, 얽힘들이 반영되어 있음을 인정하면 우리가 악하다고 생각하는 것과 확실한 거리를 두는 데 실패할지 모른다는 두려움이 만연해 있음을 보여줍니다.

전쟁의 경과를 살피며 우리가 처음 내린 판단이 옳았음을 밝히 보이려 하면 할수록 우리 생각은 점점 더 어두워집니다. 전쟁에서 연합국이 승리하면 옹호자들은 말할 것입니다. "이는 대단한 승리입니다.", "모든 문제는 금세 사라질 것입니다. 몇몇 지역에서 불만이 있는 것으로 보고되기는 하나 그건 너무나 과장되어 있습니다." 전쟁이 파국으로 치달을 때 반대자들은 말할 것입니다. "중동에서 사회와 경제는 무너졌습니다. 국제법은 종말을 고할 위기에 처해 있습니다." 문제는 어떠한 입장을 택하든 우리가 편안함을 느끼는 입장을 붙들고 매달린다는 점, 좀 더 온전한 안목을 갖게끔 충분한 시간을 마련하지 않는다는 데 있습니다. 진실은 우리가 아직, 분명하게 이 사태의 전모를 알지 못한다는 것입니다. 설사 안다고 해도 그 앎은 갈등의 기원이 윤리적으로 옳은지 그른지 결론 내리게 해주지 못합니다.

우리는 악에서 안전하게 거리를 두게 해준다고 느끼는 것을 붙잡습니다. 평화주의자를 자처하는 사람은 때때로 열정이 지나친 나머지 모든 종류의 힘을 똑같이 부패한 것으로 취급하며 자신이 마주하고 있는 적이 단 하나라고 생각합니다. 그의 눈에는 손에 피를 묻히는 모든 이, 미국군 장성과 이라크 사형집행관이 모두 똑같은 적입니다. 전쟁 옹호론자는 현대전의 동기와 방법이 충분히 윤리적인 고려를 하지 않는다는 주장, (설사 선한 동기가 있다 해도) 전쟁은 악과 싸우려는 이들도 악인들의 방법을 따라 하게 만든다는 주장에 (이는 충분한 설득력이 있음에도) 불편함을 느끼고 상처를 입습니다.

양측 모두 자신들이 저항하는 것에 공통점이 있음을 인정하기 두려워합니다. 그러나 이를 인정하는 것은 반드시 절망이나 소극적인 태도(모든 선택에는 결함이 있고, 나는 정의나 선을 위해 아무것도 할 수 없다는 생각)로 이어지지 않습니다. 오히려 이를 인정함으로써 우리는 설사 선한 결말을 추구한다 해도 결함투성이인 인류는 새로운 곤경을 만들어 낸다는 성숙한 통찰을 받아들일 수 있게 됩니다. 우리는 다만 우리가 직면한 문제를 해결하기 위해 할 수 있는 한 노력을 다하고 하느님께서 우리가 결정하고 행한 것을 들어 쓰실 수 있음을 신뢰하고 그렇게 되기를 기도할 뿐입니다.

예수께서 우리에게 당신을 붙잡지 말라고 하셨을 때 그분은 이런 말씀을 전하고 싶으셨는지도 모릅니다.

나를 이용하지 말라.

너희가 참이라 여기는 것, 너희가 선하다고 여기는 것에 나를 이용하지 말라.

네 안에 있는 실제적이고 잠재적인 악을 인식하기를 외면하지 말라.

나를 붙잡지 말고 나를 따르라. 다음 걸음을 내디뎌라.

내가 비워둔 자리로 발을 옮기고,

너희가 얼마나 많은 실수를 저지르는지 깨달아라.

그러나 내가 너희를 회복하고 더 앞으로 이끌 수 있음을,

내가 너희 마음속, 모든 마음속 악의 잔재를 해결할 것임을 신뢰하라.

내려놓기

막달라 여자 마리아는 옛 예수, 그녀의 기억 속에 있는 과거의 예수에게 매달리려 합니다. 그녀가 처음에 기쁨이 넘쳤던 이유는 불가능한 일이 일어났기 때문에, 역사가 되돌아갔다고 확신했기 때문이었습니다. 하지만 그렇지 않습니다. 십자가 사건은 실제로 일어났습니다. 예수의 친구들과 그의 대적자들 모두 이 사건 곁에서, 또한 과정 속에서 되돌릴 수 없는 결정을 내렸습니다. 유다와 베드로, 빌라도는 아침에 잠에서 깨 이 모든 것이 악몽이었다고 말할 수 없습니다. 이제, 부활의 빛 아래, 그들은 자신의 죄를, 자신의 타협을, 사라지지 않는 과거를, 악과 잘못 알고 있는 선을, 공포와 도피를 어떻게 해야 할지 결정해야 합니다. 그들과 막달라 여자 마리아는 부활한 예수께서 그들이 상상하지도 기대하지도 못한 변혁을, 화해의 가능성 곧 예수와 아버지의 친밀함을 나누어 줄 가능성을 약속하신다는 진리를 배워야 합니다. 그분은 하늘로 들려 "내 아버지이며 너희의 아버지"께 올라가십니다. 그 순간, 마리아도, 다른 누구도 그것이 무엇을 뜻하는지 알지 못했습니다. 그녀는 예수를 따라 그것이 무엇인지를 발견하도록 부름받습니다. 그리고 자신이 들은 그 부르심을 사도들에게 그대로 전하고 그들을, 그리고 우리를 불러 아버지의 품으로 오게 하라는 부름을 받습니다. 이 여정에서 우리는 사막 교부들이 자기 칭의 self-justification라 불렀던 것을 내려놓아야 합니다. 선하고 의로운 나 자신의 상像을 확신케 하는 예수상像을 포기해야 합니다. 우리는 빈손으로 나아가야 합니다. 이제, 하느님께서는 우리가 의롭다고 여기십니다. 이는 우리가 늘 옳았음을 입증하는 것이 아닙니다. 이는 우리의 성공이나 실패와는 상관없이 예수께서 우리와 함께 계시겠다고 약속하셨음을 뜻합니다. 그분은 우리의 결백을 입증하지 않으십니다. 그분은 우리 죄가 용서받았음을, 우리에게 희망이 있음을 확신케 하십니다. 성 바울로는 예수께서 우리를 의롭게 하시려고 살아나셨다고 말합니다. 그분이 살아나셨기에, 우리가 아무리 실패한다 해도 우리와 함께하시겠다던 그분의 약속은 깨지지 않습니다.

분명 우리는 우리 시대의 문제들과 맞서 싸워야 합니다. 우리 자신의 신념을 시험하고 도전하며 이를 통해 진리에 이르는 데 최선을 다해야 합니다. 그러나 동시에 우리는 우리의 은밀한 욕구와 연약함이 그 모든 것을 가릴 수 있음을, 그 모든 노력이 손쉽게 진리와 선함에 대한 증거가 될 수 없음을 알아야 합니다. 우리가 선한 결과를 빚어내기 위해 일한다 해도, 그로 인해 방황하거나 우리에게 닥쳐오는 것에 굴복할 수 있음을 받아들여야 합니다. 할 수 있는 한 최선을 다해 기도하고 신중하게 옳고 그름, 선과 악을 식별하며 이러한 식별의 결과를 받아들이는 용기를 가지려 애써야 합니다. 동시에 우리는 서로를 절대선이나 절대악으로 대하지 않겠다고 다짐해야 합니다. 또한 우리는 악을 거부하는 것이 곧바로 선한 동기를 돕지는 않음을 깨달아야 합니다. 그렇게, 우리는 예수를 따라야 합니다. 우리는 오직 그분의 사랑의 선물로 의로움을 얻습니다. 그분께서 우리를 악에서 멀어지게 하시기를 기도하며, 조금씩 조금씩 우리의 안과 밖에서 모두 그렇게 될 것을

내려놓기

신뢰하십시오. 배울 필요도 참회할 필요도 없이 의로우며 흔들림 없는 영혼이 되리라는 환상에서 벗어나게 될 것입니다. 예수께 눈을 두십시오. 그분의 시선, 아버지의 품을 향한 그 시선을 따르십시오. 그분을 붙잡기를 멈추고, 하느님이 늘 의롭게 되려는 우리 욕망의 종이 되기를 바라는 마음을 내려놓으십시오. 우리는 실수하고, 그 실수에 빚집니다. 부활하신 예수를 따라 헤아릴 수 없을 정도로 깊은 하느님의 생명을 향할 때, 우리는 믿음으로 의로움을 얻습니다. 이러한 부활 신앙을 살아내기 시작할 때 다른 이들로 하여금 빈 무덤에 찾아오게 했던 마리아처럼, 우리는 다른 이들이 빈 무덤을 묵상하며 예수께서 가신 길을 따르는 첫걸음을 내딛게 해줄 등대가 될 것입니다.

그러므로 한 사람이 죄를 지어 모든 사람이 유죄 판결을 받은 것과는 달리 한 사람의 올바른 행위로 모든 사람이 무죄 판결을 받고 길이 살게 되었습니다. 한 사람의 불순종으로 많은 사람이 죄인이 된 것과는 달리 한 사람의 순종으로 많은 사람이 하느님과 올바른 관계를 가지게 될 것입니다.

법이 생겨서 범죄는 늘어났지만 죄가 많은 곳에는 은총도 풍성하게 내렸습니다. 그래서 죄는 세상에 군림하여 죽음을 가져다 주었지만 은총은 군림하여 우리 주 예수 그리스도로 말미암아 모든 사람을 하느님과 올바른 관계에 있게 하고 영원한 생명에 이르게 합니다.

(로마 5:18~21)

"보아라, 나 이제 새 하늘과 새 땅을 창조한다. 지난 일은 기억에서 사라져 생각나지도 아니하리라. 내가 창조하는 것을 영원히 기뻐하고 즐거워하여라.

나는 '나의 즐거움' 예루살렘을 새로 세우고 '나의 기쁨' 예루살렘 시민을 새로 나게 하리라. 예루살렘은 나의 기쁨이요 그 시민은 나의 즐거움이라. 예루살렘 안에서 다시는 울음 소리가 나지 않겠고 부르짖는 소리도 들리지 아니하리라. 거기에는 며칠 살지 못하고 죽는 아기가 없을 것이며 명을 다하지 못하고 죽는 노인도 없으리라. 백 세에 죽으면 한창 나이에 죽었다 하고, 백 세를 채우지 못하고 죽으면 벌을 받은 자라 할 것이다. 사람들이 제 손으로 지은 집에 들어가 살겠고 제 손으로 가꾼 포도를 따 먹으리라. 제가 지은 집에 남이 들어와 사는 것을 보지 않겠고 제가 가꾼 과일을 남이 따 먹는 것도 보지 아니하리라. 나의 백성은 나무처럼 오래 살겠고 내가 뽑은 자들은 제 손으로 만든 것을 닳도록 쓰리라. 아무도 헛수고하지 아니하겠고 자식을 낳아 참혹한 일을 당하지도 아니하리라. 그들은 야훼께 복받은 종족, 후손을 거느리고 살리라. 그들이 부르기 전에 내가 대답하고 말을 마치기 전에 들어주리라.

늑대와 어린 양이 함께 풀을 뜯고 사자가 소처럼 여물을 먹으며 뱀이 흙을 먹고 살리라. 나의 거룩한 산 어디에서나 서로 해치고 죽이는 일이 없으리라."

야훼의 말씀이시다. (이사 65:17~25)

02

빛 속으로

'어둠에서 빛이 비쳐오너라' 하고 말씀하신 하느님께서는 우리의 마음속에 당신의 빛을 비추어주셔서 그리스도의 얼굴에 빛나는 하느님의 영광을 깨달을 수 있게 해주셨습니다. 하느님께서는 질그릇 같은 우리 속에 이 보화를 담아 주셨습니다. 이것은 그 엄청난 능력이 우리에게서 나오는 것이 아니라 하느님 께로부터 나온다는 것을 보여주시려는 것입니다. 우리는 아무리 짓눌려도 찌부 러지지 않고 절망 속에서도 실망하지 않으며 궁지에 몰려도 빠져 나갈 길이 있 으며 맞아 넘어져도 죽지 않습니다. 이렇게 우리는 언제나 예수의 죽음을 몸으 로 경험하고 있지만 결국 드러나는 것은 예수의 생명이 우리 몸 안에 살고 있 다는 사실입니다. (2고린 4:6:10)

오늘 우리는 부활 사건이 우리 한 사람 한 사람에게, 특히 예수께서 하신 말씀을 진리로 받아들이며 예수께서 모든 '차이'를 빚어내셨음을 신뢰하는, 거대한 결단을 한 모든 이에게 왜 그토록 중요한지 바울로가 한 말을 듣습니다. 예수께서 죽음에서 살아나셨음을 믿는 것은 2,000년 전 기이한 한 사건이 일어났음을 믿는 것이 아닙니다. 예수의 부활을 믿는다는 것은 거기에 생명이, 예수의 정체성의 정수를 이루는 사랑과 신뢰와 기쁨이 우리 안에서 살아나고 있음을 신뢰하는 것입니다. 저 정수가 우리 안에서 살아 움직일 때, 우리는 우리 삶에서 아무리 억압받고 근심으로 가득 차 있으며 고통스럽다 해도 그것이 우리와 예수의 삶, 활동 사이에서 이루어진 결속을 깨부술 힘이 없음을 깨닫습니다. 우리는 우리 자신보다 더 충만하고 깊은 생명으로 살아갑니다. 우리가 기대는 원천은 우리가 상상할 수 있는 모든 것을 넘어서 있습니다. 예수께서는 그저 당신 홀로 천국에 있는 당신의 본향을 찾기 위해 죽음에서 살아나신 게 아닙니다. 죽음에서 살아나신 그분은 우리 안에서 당신의 본향을 찾으십니다. 그분이 다시 사셨기에 우리는 우리를 끊임없이 옭아매는 죄책감과 불안, 자기 강박, 무관심이라는 사슬에서 벗어날 수 있습니다. 그러나 바울로에 따르면 이를 위해서는 예수께서 죽으셨듯 우리도 날마다 계속 우리의 일부가 죽는 것에 익숙해져야 합니다. 우리 자신을 섬기고 우리 자신을 보호하려는, 우리가 소중히 여기던 습관들이 예수의 얼굴에서 나오는 빛으로 끌려가 그 광채 속에 사라지게 되는 것에 익숙해져야 합니다. 바로 이러한 맥락에서 바울로는 그리스도인의 삶에서는 죽음과 생명이 모두 작용한다고 말했습니다. 그리스도인은 언제나 우리를 병들게 하고 죽음에 이르게 하는 습관들이 예수의 빛 아래 죽음에 이르도록 애쓰는 사람, 우리 것이지만 우리 것이 아닌 새로운 생명이 빛을 발하게 하는 사람입니다.

올해 동방 교회와 서방 교회는 같은 날 부활절을 기념합니다. 이는 그리 자주 있는 일이 아닙니다. 그러니 서방 교회에 속한 우리가 그리스와 시리아, 러시아와 같은 동방 그리스도교인들의 통찰과 독창성에 빚지고 있는 것이 무엇인지 생각해보는 것도 좋겠지요. 그들이 우리에게 남긴 가장 중요한 공헌은 예수 안에 있는 하느님의 빛이 이 평범한 세상에 임해 예수를 그리스도로 고백하는 이들과 마주했을 때 밝게 빛난다는 것입니다. 동방 교회 예술, 그리스와 러시아의 위대한 이콘icon들은 앞서 살폈던 성 바울로의 말을 우리가 눈으로 볼 수 있게 형상화한, 시각적인 주석이라고 할 수 있습니다. 이콘을 보면 인물이 있고 그 배경에는 하느님의 빛이 있습니다. 이 빛은 인물의 윤곽을 없애지 않으면서 인물 고유의 특징들을 더 분명하게 드러내며, 전체적인 형태를 과장되게 길게 늘어뜨려 달리 보이게 만듭니다. 인물을 그려내는 짙은 윤곽선들을 보면 인물의 중심부에서 생명이 나타나는 듯하며 그 생명의 기원이 되는 다른 세계에 관해 우리에게 무언가를 말하는 것만 같습니다. 엘 그레코El Greco의 작품들을 보면 그가 바로 이와 같은 기교를 뽐내고 있음을 알아차릴 겁니다. 그는 그리스 이콘 화가에게 가르침을 받았으므로 이콘의 특징이 그의 작품들에 나타나는 것은, 어쩌면 당연한 일입니다.

이콘은 바울로가 전해야만 했던 부활, 새로운 생명과 새로운 삶을 눈으로 볼 수 있게 표현한 것입니다. 평범한 인간과 일상이라는 현실, 즉 여러분과 제가 몸을 입고 살아가는 삶 가운데 하느님의 영광이 임했습니다. 그리고 여기서, 이로부터 우리의 인간성과 현실은 바뀌어 나갑니다.

성 요한은 예수의 부활 이야기를 전하며 당시는 여전히 어두운 밤이었다고 기술합니다. 또한 그는 두 제자가 무덤이 비어 있음을 확인하고, 수의가 흩어져 있으며 예수의 머리를 싸맸던 수건은 따로 잘 정돈되어 있음을 보고서도 성경의 말씀을 깨닫지 못했다고 말합니다. 그들이 다른 제자들과 합류하러 돌아갔을 때 날이 밝아오기 시작합니다. 빛이 그들의 마음과 생각을 비춥니다. 이제 어둠은 갈 곳이 없어집니다.

성 요한은 이 심상을 자신의 복음서 곳곳에서 반복하여 사용합니다. 요한의 복음서 첫 번째 장에서 그는 빛이 어둠 속에서 비치니, 어둠이 그 빛을 이기지 못했다고 기술합니다. 마지막 만찬을 나눈 뒤 가리옷 사람 유다가 예수를 배반하며 떠날 때도 요한은 말합니다.

유다는 … 밖으로 나갔다. 때는 밤이었다. (요한 13:30)

부활한 예수는 막달라 여자 마리아와 만난 이후 "저녁"에 문을 닫아

건 방에 있던 다른 제자들에게 찾아오십니다. 그분이 함께하시면 모든 것이 분명해집니다. 우리의 눈은 밝아지고 어둠은 달아납니다. 이 때문에 전통적으로 부활절 예배를 드릴 때 우리는 초를 점화하고 이를 축성합니다.

예수께서는 모든 풍경을 환히 밝히십니다. 그분이 환히 밝히시는 풍경 중에는 성서도 있다고, 성 요한은 말합니다. 그때까지 제자들은 자신들이 갖고 있던 성경을 어떻게 읽어야 할지 몰랐습니다. 그러나 이제 그들은 성금요일에 일어난 일련의 사건들에도 하느님께서 내내 당신의 백성과 함께하셨음을, 그 일들조차 당신께서 하시는 활동의 일부였음을 깨닫게 됩니다. 구원과 갱신은 언제나 사람들이 하느님을 배신했다는 뼈아픈 진실을 깨달아 충격에 사로잡혀 있을 때 찾아옵니다. 하느님께서는 언제나 당신의 백성에게 신실하십니다. 이는 그들이 모두 하느님을 거부하고 멸시할 때도 변치 않습니다. 인간이 이를 아무리 거부한다 해도 하느님의 약속은 깨지지 않으며 사랑하는 이들과 함께하시려는 그분의 열망을 사그라들게 할 수 없습니다. 예수를 죽음에 이르게 한 고문조차 이 사랑을 바꿀 수는 없습니다. 첫 번째 부활의 아침, 제자들은 이 진리를 깨닫기 시작했습니다. 제자들이 시신을 찾으러 갔을 때 발견한 빈 무덤은 하느님께서 이끄시는 미래로 들어가는 열린 문이었던 셈입니다.

다시 한번 동방 교회의 이콘 이야기를 해보겠습니다. 많은 이콘은 영광 중에 계신 예수께서 펼쳐진 성서를 들고 있는 모습을 담아내고 있습니다. 때로 성서에는 그리스어 문자의 첫 번째 글자인 알파와 마지막 글자인 오메가가 적혀 있습니다. 어떤 때는 성서의 특정 구절이 적혀 있는 예도 있습니다. 그러나 그것들이 가리키는 바는 동일합니다. 즉 우리의 책, 성서에 기록된 모든 것은 예수를 향하고 있으며 우리가 이를 읽고 이해할 수 있게 해주는 분 또한 예수라는 것입니다. 우리가 그분의 손가락을 따라 성서를 읽지 않는다면 우리는 잘못 읽게 될 것입니다. 성서는 별다른 어려움 없이 정답을 얻으려고 읽는 성스러운 책이 아닙니다. 우리는 우리와 함께하시는 예수와 함께, 그분 앞에서, 그분의 영 안에서 성서를 읽어야 합니다. 성서의 모든 것이 예수를 중심에 두고 하나가 되며 그분과, 그분이 삶과 죽음을 통해 말씀하시고 행하신 것과 관계 맺고 있음을 발견해야 합니다.

예수께서는 우리 삶과 우리 현실의 실체를 드러내시며 참된 풍경을 열어 주십니다. 또 우리가 이를 깨닫게 해주십니다. 그분을 통해 우리는 우리가 누구인지, 우리가 얼마나 거듭 실패하는지를 알게 됩니다. 그럼에도 하느님께서 우리를 얼마나 사랑하시며 귀히 여기시는지, 그분이 참으로 어떤 분이신지, 우리를 향한 그분의 신실함이 얼마나 깊은지 또한 알게 됩니다. 우리 한 사람 한 사람이 하느님께서 귀히 여기시는 존재임을 알게 될 때 우리의 삶과 태도는 철저히 변화됩니다. 우리는 우리가 속한 이 물질세계가 경외심을 담아 돌보아야 할, 하느님의 영광으로 충만한 곳임을 깨닫습니다.

이제 우리는 두 제자와 함께, 열린 문을 통해 보듯 빈 무덤을 바라봅니다. 열린 문 저편에는 찬란한 빛으로 가득 찬 세계, 하느님의 아름다움이 빛나는 세계가 있습니다. 저 세계를 통해 우리는 우리의 세계에서, 그리고 우리에게서 하느님께서 창조하시며 본래 이루고자 하신 그 모습을 봅니다. 그렇게, 우리는 빛 속으로 걸어갑니다.

이 산 위에서 만군의 야훼, 모든 민족에게 잔치를 차려주시리라. 살진 고기를 굽고 술을 잘 익히고 연한 살코기를 볶고 술을 맑게 걸러 잔치를 차려주시리라.

이 산 위에서 모든 백성들의 얼굴을 가리던 너울을 찢으시리라. 모든 민족들을 덮었던 보자기를 찢으시리라.

그리고 죽음을 영원히 없애버리시리라. 야훼, 나의 주께서 모든 사람의 얼굴에서 눈물을 닦아주시고, 당신 백성의 수치를 온 세상에서 벗겨주시리라. 이것은 야훼께서 하신 약속이다.

그 날 이렇게들 말하리라. "이분이 우리 하느님이시다. 구원해 주시리라 믿고 기다리던 우리 하느님이시다. 이분이 야훼시다. 우리가 믿고 기다리던 야훼시다. 기뻐하고 노래하며 즐거워하자. 그가 우리를 구원하셨다." (이사 25:6~9)

03

지금 여기에

예수께서 나타나 그들 가운데 서시며 "너희에게 평화가 있기를!" 하고 말씀하셨다. 그들은 너무나 놀랍고 무서워서 유령을 보는 줄 알았다. 예수께서는 그들에게 "왜 그렇게 안절부절 못하고 의심을 품느냐? 내 손과 발을 보아라. 틀림없이 나다! 자, 만져보아라. 유령은 뼈와 살이 없지만 보다시피 나에게는 있지 않느냐?" 하시며 당신의 손과 발을 보여주셨다.

그들은 기뻐하면서도 믿어지지가 않아서 어리둥절해 있는데 예수께서는 "여기에 무엇이든 먹을 것이 좀 없느냐?" 하고 물으셨다. 그들이 구운 생선 한 토막을 드리니 예수께서는 그것을 받아 그들이 보는 앞에서 잡수셨다.

그리고 그들에게 "내가 전에 너희와 함께 있을 때에도 말했거니와 모세의 율법과 예언서와 시편에 나를 두고 한 말씀은 반드시 다 이루어져야 한다" 하시고 성서를 깨닫게 하시려고 그들의 마음을 열어주시며 (말씀하셨다.) "성서의 기록을 보면 그리스도는 고난을 받고 죽었다가 사흘 만에 다시 살아난다고 하였다. 그리고 그리스도의 이름으로 회개하면 죄를 용서받는다는 기쁜 소식이 예루살렘에서 비롯하여 모든 민족에게 전파된다고 하였다. 너희는 이 모든 일의 증인이다." (루가 24:36~47)

몇 해 전 고대사를 연구하는 미국의 유명한 학자가 부활 선언을 고대 세계 사람이 들었다면 어떠했을지 설명하는 것을 들었습니다. 그는 말했습니다. "교육을 받은 그리스인이나 로마인이 누군가가 죽었다가 살아났다는 말을 들었다면 그는 가장 먼저 이렇게 물었을 것입니다. "그래? 그러면 그를 어떻게 무덤에 다시 집어넣을 건가?"" 여기서 중요한 것은 부활의 복음을 처음 들은 사람들이 대부분 이를 기괴한 일로 여기거나 심지어 겁을 먹었을 것이라는 점입니다. 당시 사람들에게 부활은 희망을 불러일으키는 기쁨의 표징이 아니었습니다. 오히려 염려를 불러일으키는, 무언가 불길한 일을 알리는 사건이었습니다. 그들은 죽은 이가 살아난다 해도 다른 세계, 망자들의 세계, 캄캄한 곳에서 살 것이라고, 완전히 살아있지도, 완전히 죽지도 못한 자신들의 저주받은 상태를 슬퍼하며 생명을 갈구하고 있을 것이라고 생각했습니다. 이러한 맥락에서 베르길리우스Vergil는 자신의 위대한 서사시에 망자가 "손을 뻗어 강 건너편을 그리워한다"는 인상적인 표현을 썼습니다. 이러한 사고를 갖고 있던 이들에게 망자가 살아나 이 세계에 돌아온다는 것은 부자연스러울 뿐만 아니라 두려운 일이었을 것입니다. 그들은 이 세계와 저 세계의 경계는 깨지면 안 된다고, 보존되어야 한다고 생각했습니다.

부활에 관한 긍정적인 관념을 처음으로 제시했던 유대인들조차 사정이 크게 다르지는 않았습니다. 그들은 다니엘이 예언했듯 부활은 마지막 때 일어난다고 여겼습니다. 그때 선한 자는 일어나 상을 받고 악한 자는 벌을 받는다고 생각했지요. 마지막이 아닌 지금 누군가가 무덤에서 다시 일어났다는 소식은 그리스인들만큼이나 유대인들에게도 충격적인 일이었습니다. 그 소식을 듣자마자 까무러치지는 않았다 해도 말입니다. 성 마태오가 전하는, 예수께서 죽으신 후 승천하실 때까지의 이야기를 살펴볼까요. 그에 따르면 예수께서 십자가에서 숨을 거두시자 무덤이 열리면서 잠들었던 옛 성인들이 다시 살아납니다. 예수께서 부활하신 후 그 성인들은 예루살렘에 가서 많은 사람 앞에 나타납니다. 마태오는 이를 행복한 재회의 장면이 아니라 세계의 기존 질서가 뒤흔들리는 모습으로 그립니다. 이 모든 것은 복음서가 묘사하는 부활 이야기들에서 사람들이 왜 그토록 부활 소식에 두려움과 놀라움을 감추지 못했는지를 잘 이해하게 해줍니다.

왜 부활은 그토록 문제적인 사건이었을까요? 유대인들에게 부활은 현재와 장기적인 미래에 총체적인 혼란을 일으키는 일이었고, 그리스인들에게 부활은 두 세계의 경계를 어수선하고 흐릿하게 만드는 일이었습니다. 하지만 이것이 전부가 아닙니다. 고대 세계 사람들은 망자가 환상이나 꿈에 나타났다면 이는 자신을 죽게 한 이들을 고발하기 위해 나타난 것이라 여겼습니다. 게다가 고대 제국들은 대량 학살을 밥 먹듯 일삼았습니다. 이러한 와중에 죽은 이가 되살아날 수 있을 뿐 아니라 "죽은 자들 가운데서 제일 먼저 살아난" 사람, "죽은 자들의 첫 열매"가 제국의 사법 체제에 의해 희생당한 사람이라는 말을 로마인이 들었다면 어땠을까요? 고대 제국들은 무수히 많은 인간을 소모품으로, 별다른 중요성을 갖지 않은 사물로 취급함으로써 힘을 얻고 살아남았습니다. 그들은 체제의 희생자들이 죽으면 그걸로 끝이라고, 이 세계에서 사라진다고 생각했습니다. 이러한 와중에 사라진 줄 알았던 희생자가 사라지지 않았다는 소식이 들린다면 어떨까요? 처형된 범죄자가 사라지지도, 잊히지도 않은 채 이 세상에 다시 살아 자신의 동료들에게 나타나 자신을 처형한 이들에게 자기 이름을 말해 달라고 당부했다는 이야기를 들으면, 참 생명을 얻고 안녕을 이루고자 한다면 그가 하느님과 화해를 이루었음을 신뢰해야 한다고 말했다는 이야기를 들으면 어떠한 반응을 보였을까요? 실로 두려웠을 것입니다.

   제국에게 이 사건이 더 심각했던 이유는 이 사건이 단 한 번 일어난 일 같이 보이지 않았기 때문입니다. 다시 살아난 그는 '첫 번째'였을 뿐입니다. 그가 죽음에서 살아났다는 것은 모든 사람이 다시 살아날 수 있음을, 어떠한 생명도 잊히거나 사라지지 않음을, 하데스가 지배하는 어두컴컴한 지하 세계로 밀쳐 내버린 이조차 다시 돌아올 수 있음을 보여주는 것이었습니다. 이제 죽음은 사람과 사람이 맺은 관계의 끝이 아니며, 하느님께서 사람과 맺으신 관계의 끝도 아닙니다. 이러한 소식은 기쁜 만큼이나 충격적인 소식이며 손에 피를 묻힌 제국에게는 특히나 두려운 소식입니다. 우리는 너무도 아무렇지 않게 그리스도교가 이 세계에 가져온 것이 무엇인지를 잊어버리곤 합니다. 너무나 익숙해진 나머지 우리가 당연하다고 생각하는 것이 당연한 게 아니었음을 잊어버린 것이지요. 고대 세계에 모든 생명이 소중하다는 생각은 존재하지 않았습니다. 특정 상황에서는 아버지가 자식을, 주인이 종을 죽일 권리가 있었습니다. 많은 사람이 범죄자들이나 전쟁 포로들이 서로 죽이는 모습을 보러 극장을 찾았습니다. 대량 학살은 전쟁이 벌어지면 늘 따르는 일이었습니다. 몇몇 철학자가 추상적으로 인간의 존엄성을 논하기는 했습니다. 그러나 그들도 한 생명을 소모품처럼 취급하는 정치 현실을 불가피한 것으로 여겼으며, 이에 익숙했기에 괴로워하지도 않았습니다. 이러한 태도는 인류 역사에 뿌리 깊게 자리 잡고 있었습니다. 충격적인 일이지요. 그리스도교는 자신이 제시한 비전을 실현하는 데 너무나 자주 실패했습니다. 그러나 이를 모두 인정한다 해도 그리스도교가 인류 문화에 돌이킬 수 없는 전환을 일으켰다는 사실은 변치 않습니다. 그리스도교는 말합니다. 한 사람의 가치는 결코 폭력이나 죽음으로 사라지지 않는다고, 누구도 잊혀서는 안 된다고.

  부활의 복음은 놀라운 소식들을 선포합니다. 하지만 저 메시지야말로 부활의 복음에 담긴 가장 충격적인 메시지입니다. 지금 여기에, 하느님께서는 세상을 떠난 모든 이의 생명과 삶을 붙들고 계십니다. 약물에 찌들었던 이의 생명과 삶을 붙들고 계십니다. 폭행으로 인해 삶을 마감한 이의 생명과 삶을 붙들고 계십니다. 탄압이나 학대로 목숨을 잃은 이의 생명과 삶을 붙들고 계십니다. 모든 생명이, 모든 삶이 그분의 눈에는 소중합니다. 비인간적인 로마식 사형 집행의 희생자, 온갖 굴욕을 당하고 모든 것을 철저히 빼앗긴 이를, 하느님께서 당신의 말씀을 전하는 자, 당신의 생명을 나누어주는 자로 다시 일으키신다는 소식은 제국의 권력자들에게는 너무나 당혹스럽고도 두려운 소식이었습니다.

우리는 더는 이런 제국의 지배 아래 살고 있지 않습니다. 하느님께 감사한 일입니다. 그러나 지난 한 세기 동안에도 제국 열강들은 부활은 결코 일어나지 않았다는 듯이 온갖 방식으로 자신들이 일으킨 전쟁의 희생자들을 말살하려 했습니다. 아우슈비츠 강제 수용소에는 구약 성서에 나오는 구절이 히브리어로 새겨져 있습니다.

> 땅이여, 나의 피를 덮지 말아다오. (욥기 16:18)

고대 로마인들만큼 무정하고 잔혹하게, 사람들을 영원히 땅에 묻어 기억 속에서 사라지게 할 수 있다고 믿었던 이들은 홀로코스트, 1930년대 소련의 대숙청, 중국의 문화 혁명을 자행했습니다. 캄보디아와 르완다, 발칸 반도에서 일어난 학살은 이러한 일을 벌이는 데 반드시 제국의 힘이 필요하지는 않음을 알려줍니다. 우리의 바로 옆에 있는 이웃은 순식간에 살인자로 돌변할 수 있습니다.

　이제 우리는 이러한 식으로 손에 피를 묻히지는 않을는지 모릅니다. 그러나 여전히 우리의 마음 한구석에는 죽음을 맞이한 이들에 대한 저들과 다르지 않은 생각이 남아 있습니다. 이는 때때로 양심의 가책을 불러일으킵니다. 지난 몇 주간, 르완다에서 일어났던 집단 학살 10주기를 기념해 무수한 이야기가 쏟아져 나왔습니다. 가슴이 미어지는 이 이야기들을 접하고 조금도 양심의 가책을 느끼지 않은 이가 있을까요? 우리가 직접 무기를 들었던 것은 아닙니다. 하지만 학살이 이어지는 동안 세상의 많은 나라는 망설였고 그 모습을 보며 심란해하다 결국 방관했습니다. 우리는 슬그머니 어떤 생명, 어떤 삶은 잊혀도 된다고, 기억에서 사라져도 된다는 생각에 기댑니다. 그 생명과 삶이 우리와 멀리 떨어져 있다면, 오래된 일이라면 더더욱 말이지요. 지금 이 순간에도 우간다 북부에서는 학살이 일어나고 있습니다. 불과 몇 주 전에 일어난 일임에도 불구하고 언론은 이 대규모 학살을 비중 있게 다루지 않았습니다. 우리는 그 지역에서 100만에 달하는 사람이 삶의 터전을 잃게 되었다는 사실을 알지 못합니다. 그렇기에 계속 불안과 공포에 시달리고 있다는 사실도 알지 못합니다. 수십만에 달하는 아이들이 강제로 군인이 되어 누군가를 죽이고 누군가에 의해 죽는, 악몽과 같은 일이 벌어지고 있음을 알지 못합니다. 이와 같은 죽음이 사람들의 기억에서 잊힐 때, 부활의 복음은 희망을 전하는 소식인 만큼이나 날카로운 심판의 소식으로 선포되어야 합니다.

물론, 저 심판 또한 궁극적으로는 희망입니다. 우리가 우리 자신을 손쉬운 망각의 그늘로 내몰아 갈 때, 우리는 부활하신 그리스도께서 우리를 다그치심을 느낄 수 있고 느껴야 합니다. 우리가 사는 바로 여기에서 홀로 죽어가는 이들, 사회에서 사랑받지 못한 이들을 떠올릴 수 있고, 떠올려야 합니다. 가족 없이 (혹은 가족들에게 잊힌 채) 죽어가는 노인이 있습니다. 마약에 중독된 노숙자가 있습니다. 평범한 만남을 누리지 못한 채 고립된 지적장애인이 있습니다. 부활은 하느님께서 저들을 잊지 않으심을, 하느님께서 저들의 존귀함을 지키시고 저들 모두가 존엄하다고 단언하심을, 하느님께서 그들의 생명을 당신의 손에 간직하고 계심을 기뻐하라고 말합니다.

이러한 기쁨 안에서 우리는 눈을 돌려 잊힐 위기, 사라질 위기에 처한 이들을 바라보고 우리의 의무와 섬김이 어디에 있어야 하는지를 스스로 물어야 합니다. 하느님의 정의는 우리의 망각을 꾸짖습니다. 그분께서 우리 시야에 닿지 않는 이들, 우리의 기억이 놓친 이들을 결코 놓지 않으시리라는 진리는 우리가 별다른 일을 하지 않아도 된다는 핑곗거리가 아닙니다. 도리어 이 진리는 섬김과 존중의 의무가 우리 모두에게 있음을 상기시킵니다.

부활 소식이 진실로 복된 소식임은 온갖 종류의 이해할 수 없는 악, 치매라는 비극, 동기도 알 수 없고 원인도 알 수 없는 사고, 폭력이나 불의에 일어난 참상으로 인해 사랑하는 이를 잃은 사람들에게서 가장 분명하게 나타납니다. 잠시 아르헨티나와 엘살바도르 같은 나라에서 암살단들이 활개 치던 때를 생각해 봅시다. 그때 그곳에서 그리스도인들은 자신의 신앙, 희망, 그리고 저항을 되새기는 극적인 방식을 생각해냈습니다. 전례 중에, 누군가 죽거나 "사라진" 이들의 이름을 소리 내 읽습니다. 한 사람, 한 사람의 이름이 불릴 때마다 회중 가운데 누군가가 외칩니다.

프레젠떼presente(지금, 여기에 있습니다)

사람들이 하느님 앞에 하나 되어 모일 때 사라진 사람들은 프레젠떼, 진실로 그곳에 함께 있습니다. 성찬의 전례를 하며 "하늘의 모든 천사와 성도들과 함께" 기도를 드릴 때도 그들은 함께 합니다. 우리가 (우리를 포함하여) 세상이 망각한 이들이 여기에 함께한다고 고백하면 하느님께서는 기억하십니다. 하늘의 모든 천사와 성도들과 함께, 짐승 취급을 당하고 있는 우간다의 아이들과 함께, 런던 킹스 크로스에서 약물 과다 복용으로 침대 위에서 죽어간 소녀와 함께, 자녀도 없이 알츠하이머로 투병하던 과부와 함께, 예수 옆 십자가에 매달린 강도와 함께, 제국의 효율적인 법 집행 때문에 유대 지방에서 십자가 처형을 당한 수천 명의 이름 모를 강도들과 함께, 하늘의 군대와 함께, 하느님께서 자비를 베푸시는 이들과 함께, 그리고 죽으심으로 죄로 가득한 우리의 망각과 미적지근한 사랑을 용서하시고 생명을 타오르게 하시는 분, 단 한 사람의 영혼도 이름 없이 사라지거나 잊히도록 내버려 두지 않으시는, 모든 이에게 존귀한 이름과 존재를 베푸시는 분, 죽은 자들의 첫 열매이신 우리 주 그리스도와 함께.

그분은 다시 사셨습니다. 그리스도께서는 여기에 계시지 않습니다. 그분은 "프레젠떼", 모든 곳에서 모든 이와 함께하십니다. 그분은 다시 살아나셨습니다.

형제들을 꾸준히 사랑하십시오. 나그네 대접을 소홀히 하지 마십시오. 나그네를 대접하다가 자기도 모르는 사이에 천사를 대접한 사람도 있었습니다. 감옥에 갇혀 있는 사람들이 있으면 여러분도 함께 갇혀 있는 심정으로 그들을 기억하십시오. 학대받는 사람들이 있으면 여러분도 같은 학대를 받고 있는 심정으로 그들을 기억하십시오. (허브 13:1~3)

우리는 그리스도와 같이 죽어서 그분과 하나가 되었으니 그리스도와 같이 다시 살아나서 또한 그분과 하나가 될 것입니다. 예전의 우리는 그분과 함께 십자가에 못박혀서 죄에 물든 육체는 죽어버리고 이제는 죄의 종살이에서 벗어나게 되었다는 것을 우리는 알고 있습니다. 이미 죽은 사람은 죄에서 해방된 것입니다. 우리가 그리스도와 함께 죽었으니 또한 그리스도와 함께 살리라고 믿습니다. 그것은 죽은 자들 가운데서 다시 살아나신 그리스도께서 다시는 죽는 일이 없어 죽음이 다시는 그분을 지배하지 못하리라는 것을 우리가 알고 있기 때문입니다.

그리스도께서는 단 한 번 죽으심으로써 죄의 권세를 꺾으셨고 다시 살아나셔서는 하느님을 위해서 살고 계십니다. 이와 같이 여러분도 그리스도 예수와 함께 죽어서 죄의 권세를 벗어나 그와 함께 하느님을 위해서 살아야 한다고 생각하십시오. 그러므로 결국 죽어버릴 육체의 욕망에 굴복하지 마십시오. 그래야 죄의 지배를 받지 않을 것입니다. (로마 6:5~12)

04

죽음의 부정

만일 그리스도를 믿는 우리가 이 세상에만 희망을 걸고 있다면 우리는 누구보다도 가장 가련한 사람일 것입니다. 그러나 그리스도께서는 죽은 자들 가운데서 다시 살아나셔서 죽었다가 부활한 첫 사람이 되셨습니다. 죽음이 한 사람으로 말미암아 온 것처럼 죽은 자의 부활도 한 사람으로 말미암아 왔습니다. 아담으로 말미암아 모든 사람이 죽는 것과 마찬가지로 그리스도로 말미암아 모든 사람이 살게 될 것입니다. 그러나 각각 차례가 있습니다. 먼저 그리스도께서 살아나셨고 그 다음에는 그리스도를 믿는 사람들이 그리스도께서 다시 오실 때 살아나게 될 것입니다. 그 다음에는 마지막 날이 올 터인데 그 때에는 그리스도께서 모든 권위와 세력과 능력의 천신들을 물리치시고 그 나라를 하느님 아버지께 바치실 것입니다. 그리스도께서는 하느님께서 모든 원수를 그리스도의 발 아래 굴복시키실 때까지 군림하셔야 합니다. 마지막으로 물리치실 원수는 죽음입니다. (1고린 15:19~26)

성 바울로는 죽음이 우리의 원수라고, 그리스도인들이 이 세상에서의 삶에만 희망을 걸고 있다면 그들은 누구보다도 가련한 사람일 것이라고 말했습니다. 오늘날, 수많은 현대인은 이러한 진술을 들으면 의혹의 시선을 보내곤 합니다. 이러한 말은 그리스도교가 우리가 경계하라고 배웠던 부류의 종교, 이곳이 아닌 다른 어딘가에서 보상을 받을 것이라 약속함으로써 지금 여기에서 겪는 고통과 좌절을 정당화하는 종교임을 입증하는 것처럼 보입니다. 죽음을 원수로 여기는 모습은 자신의 한계를 받아들이지 못하고 억울해하는 인류의 철없는 모습보다 더 어리숙해 보이기까지 합니다.

20세기에 나온 위대한 저작 중 『죽음의 부정』The Denial of Death이라는 책이 있습니다.* 프로이트Sigmund Freud를 누구보다 탁월하게 읽어냈던 어니스트 베커Ernest Becker는 이 책에서 한계와 불안, 부족한 현실감각, 심리적 유약함과 직면하기를 거부하는 데 뒤따르는 해악을 상세하게 기술합니다. 부정의 상태에 머물러 있으면 삶은 왜곡되기 마련이라고 그는 말합니다.

죽음을 부정하고 삶을 끝없이 이어가려는 갈망은 기이한 현상들을

---

* Ernest Becker, *The Denial of Death* (New York: Simon&Schuster, 1973). 『죽음의 부정』(인간사랑)

낳습니다. 어떤 사람은 영적 현상을 입증하기 위해 강박적으로 매달립니다. 어떤 사람은 자기 몸을 극저온 냉동고에 집어넣은 뒤 소생하기를 바랍니다. 어떤 사람은 특정 식단과 생활 방식을 제시하며 그것이 노화를 늦춘다고 말합니다. 이러한 현상들을 보면 노화와 한계, 죽음에 대해 괴상하고 해로운 태도를 보이는 모습이 특정 종교의 문제가 아님을 알 수 있습니다. 오늘날 문화 중 꽤 많은 흐름이 우리가 한계를 갖고 있다는 사실, 시간이 멈추지 않고 흐른다는 사실에 억울함을 표시합니다. 이러한 문화적 흐름의 영향 아래 많은 이가 우리가 할 수 없는 일에 분노를 표하며, 우리가 늙는다는 사실을 두려워하고 심지어는 혐오하기까지 합니다. 앞서 언급한 베커의 책은 종교가 아닌, 이러한 값싼 심리학이 조장하는 환상("당신은 하기로 마음먹은 것을 할 수 있습니다")과 그 환상에 물든 문화 조류, 기술에 대한 순진한 믿음을 비판적으로 살핍니다.

성 바울로가 의도한 것은 인간의 한계를 받아들이지 않거나 죽음을 바라지 않는 인간의 모습을 변호하는 것이 아닙니다. 오히려 그는 모든 방법을 동원해 하느님의 사랑을 온전히 받으려면, 서로가 서로를 온전히 사랑하려면 우리의 자기 보호 본능을 "죽여야" 한다고 말합니다. 그는 프로이트와 니체Friedrich Nietzsch가 통렬하게 비판했던 그러한 태도를 우리에게 권하지 않았습니다. 그렇다면 그가 진실로 말하고자 한 것은 무엇일까요? 또한 지금 여기를 살아가는 우리는 어떻게 해야 이를 복된 소식으로 받아들일 수 있을까요?

첫 번째로 명심해야 할 것은 바울로는 우리가 영원히 살 것이라고 말하지 않았다는 점입니다. 무수한 그리스도교 사상가가 수도 없이 이를 말했지만, 우리는 이 점을 계속 놓칩니다. 오히려 그는 우리가 죽을 것이며 예수께서 다시 살아나셨듯이 우리도 다시 살아날 것이라고 말했습니다. 이는 심령주의나 냉동학과는 아무런 관련이 없습니다. 이른바 '생존'survival에 관한 이야기도 아닙니다. 바울로는 우리가 죽지 않고 이생을 계속 살리라고 생각하지 않았습니다. 그는 우리가 하느님의 활동으로 인해 다시 살리라고 생각했습니다. 여기서 우리는 죽음이라는 현실을 제대로 받아들이는 법을 배워야 합니다. 우리는 우리 안에서 우리를 옭아매는 것, 우리가 편협한 사리사욕에서 벗어나지 못하게 하는 모든 것을 죽여야 합니다. 진실로, 바울로가 우리에게 가르친 것은 죽기를 거부하는 마음, 우리의 한계를 두려워하며 이를 부정하는 태도가 우리의 이기적인 습관, 자신을 마비시키는 죄 된 습관의 뿌리라는 것이었습니다. 그래서 그는 죽기를 거부하는 마음을 죽여야 한다고 강조합니다. 건강한 환경은 우리와 우리의 한계, 시시각각 닥쳐오는 사고, 거침없이 우리를 바꾸어 놓는 세월의 흐름을 받아들이게 도와줍니다. 해로운 환경은 우리로 하여금 우리 자신을 탓하게 하고, 보상해줄 대상을 찾게 하며 시간과 변화로 인해 아무런 흠집도 나지 않기를 바라는 우리의 환상을 붙잡도록, 이를 유지하는 데 안간힘을 쓰도록 부추깁니다.

사회 또한 개인처럼 이러한 질병의 희생자가 될 수 있습니다. 우리는 너무나 자주 우리와 다른 사람이나 문화와 맞닥뜨렸을 때 공황에 빠지거나 적의를 드러내고 우리 자신이 만들어내는 문제를 그들 탓, 다른 문화의 탓으로 돌립니다. 우리는 기술이 심화시킨 환경 문제를 기술로 해결할 수 있다는 근거 없는 자신감을 포기하지 않습니다. 우리 자신을 위해 부와 안락함을 창출할 능력과 무한함은 아무런 연관이 없음을 믿지 못하기 때문입니다. 우리는 안전한 상태를 완벽하게 만들고 유지하면 누구도 우리를 영원히 위협하지 못하리라는 환상을 갖고 있습니다. 이 모든 것이야말로 죽음을 부정하는 것이라는 말에 우리는 귀 기울여야 합니다. 이를 바울로는 자신의 편지에서 "육체의 행실"이라고 부릅니다. 이 육체의 행실은 우리가 완전히 통제할 수 없는 현실과 맞닥뜨렸을 때 우리 눈을 감아버리게 만듭니다.

바울로는 우리에게 말합니다. 우리가 희망하는 바가 이 세상에서의 삶을 보장받고 그 삶이 이어지는 것이라면, 우리가 확보한 안락이 결코 도전받지 않는 것이라면, 우리가 언젠가는 죽을 수밖에 없는 존재이며 유한한 존재라는 현실과 직면하지 않는 것이라면 하느님께서 우리를 도우실 것이라고. 그러한 희망이 환상, 우리 자신의 영혼을 죽이는 행위, 우리 자신을 공포에서 벗어나지 못하게 하는 길임을 일깨워 주실 것이라고 말입니다. '참된' 삶은 죽음과 정반대 편에서 이루어지는 것이 아니며 우리는 지금 여기에서 우리 자신을 방어하는 법이 아니라, 하느님께서 우리에게 주시는 것에 마음을 열고 사는 법을 익혀야 한다고 그는 말합니다.

이것이 부활 신앙의 정수입니다. 부활은 자연적인 생존의 문제가 아닙니다. 우리가 하느님께 요구할 수 있는 권리의 문제도 아닙니다. 부활은 선물입니다. 하느님께서는 우리 하느님이 되시기로 약속하셨습니다. 우리를 붙드셔서, 우리에게 어떠한 일이 생기든 당신과 맺은 관계를 놓지 않겠다고 약속하셨습니다. 로마인들에게 보낸 편지 8장 마지막 부분에서 바울로는 말합니다.

> 죽음도, 삶도, … 그 밖에 어떤 피조물도, 우리를 우리 주 예수 그리스도 안에 있는 하느님의 사랑에서 끊을 수 없습니다. (로마 8:39)

그분은 은총이 넘치는 결단 아래, 당신을 바쳐 우리를 위해 계시기로 하셨습니다. 우리는 이 약속을 알기에 죽음과 마주합니다. 물론 우리는 (성 바울로가 계속 말하듯) 이 약속이 어떻게 영광에 이르게 될지 알지 못합니다. 그저 우리는 씨앗이 완전히 자란 나무와 관계가 있음을 알 듯 지금의 삶이 미래와 관계가 있음을 짐작할 뿐입니다. 생존이 아니라 성장임을, 상상할 수 없을 정도로 거대한 차원으로 나아가는 성장임을 기억하십시오. 하느님의 약속과 선물에 우선순위를 두는 삶을 시작한다면, 신뢰하며 너그러이 살아간다면 우리는 더는 죽음에 두려움을 느끼지 않을 것입니다. 죽음은 우리를 옥죌 수 없을 것입니다. 우리는 죽음을 감당하는 삶을 살아갈 수 있습니다. 매 순간, 모든 지점에서 하느님께서 선물을 주시기 때문입니다.

예수의 부활이 중요한 이유는 우리가 통념적으로 알고 있는 죽음 이후의 삶이 있음을 입증하기 때문이 아닙니다. 예수의 부활이 입증하는 것은 하느님께서 약속을 지키신다는 것입니다. 사랑하는 아들 예수를 향한 아버지 하느님의 헌신은 절대적이며 영원합니다. 십자가조차 아버지와 아들을 갈라놓을 수는 없습니다. 참 생명, 곧 갈릴래아 예수의 평범한 육체적 삶과 그렇지 않은 영적 삶 모두 십자가 저편에서 회복됩니다. 우리 가운데 계시는 하느님이신 예수께서 당신의 친구들과 맺으신 거룩한 약속, 자비와 갱신의 약속 역시 절대적입니다. 제자들의 불신앙조차 이를 깨뜨릴 수 없습니다. 그들을 위하여 다시 한번 주어진 예수의 생명은 그들이 누릴 기쁨과 희망의 원천이 됩니다. 예수께서 겪으신 폭력적이고 끔찍한 죽음도 하느님께서 당신이 주고자 하시는 것을 막을 수 없습니다. 그분께서는 끊임없이, 쉬지 않고 주십니다. 예수께서 다시 살아나셨다면, 우리는 하느님의 신실하심을 확신할 수 있습니다.

이제 여러분은 바울로가 왜 죽음을 원수라 불렀는지를 어렴풋이 짐작할 수 있을 것입니다. 죽음은 하느님께서 영원히 신실하시다는 생각에 도전하는 것 같습니다. 그리고 죽음은 하느님께서 우리와 언제나 더 커지며 더 깊어지는 관계를 맺기를 원하신다는 믿음에 분명한 어려움을 제기합니다. 죽음은 우리와 하느님의 관계가 단절되는 사건, 하느님께서 결국 우리를 일회용으로 여기고 계심을 드러내는 사건처럼 보입니다. 그러나 예수의 부활 안에서, 그리고 그 부활을 통해 하느님께서 신실하심을 확신할 수 있다면 우리는 죽음을 달리 대할 수 있습니다. 이는 죽음이 더는 별다른 문제가 되지 않는다거나, 우리를 해하지 않는다는 뜻이 아닙니다. 우리가 이전처럼 계속해서 나아갈 수 있다는 보장을 받은 것도 아닙니다. 우리가 죽음을 달리 대할 수 있는 이유는 하느님께서 우리와의 관계를 끝내지 않으시기 때문입니다. 우리는 더욱 그분께 받아야 하며 그분께서는 우리가 더 받기 위한 가능성을 여는 조건을 마련하실 것입니다.

바울로는 죽음을 "마지막으로 물리칠 원수"라고 말했습니다. 모든 것의 마지막에 죽음은 우리에게서 떨어져 나가 지난 일이 될 것입니다. 그때 우리는 우리가 되어야 할 우리가 될 것입니다. 한계 지워진 삶이라는 울타리 안에서 죽음과 함께 살아감으로써, 현실에 충실하며 겸손하게 사랑하는 법을 익힘으로써, 우리 자존감을 짓밟는 원수인 죽음은 결국 우리의 친구가 될 것입니다. 그리스도께서는 우리에게 원수를 사랑하라고 말씀하셨습니다. 모든 것의 마지막에, 우리가 사랑을 익히게 만드는 적인 죽음은 자신이 하는 일을 끝낼 것입니다. 우리가 예수 그리스도와 일치를 이루고 그분 안에 거하며 영원히 고갈되지 않는, 하느님의 실재가 지닌 깊이를 들여다볼 때 그분 안에 남는 것은 오직 사랑 안에서 이루어지는 성장입니다. 웨일스의 시인 앤 그리피스 Ann Griffiths가 찬송 시에 쓴 구절처럼, 우리는 저 깊은 바다에서 수영하는 법을 배워야 합니다. 그러나 우리는 결코 그 바다에서 벗어날 수는 없을 것입니다.

이제, 지금 여기서, 우리를 가두어 어리석게 만들고 겁먹게 하는, 자만과 교만에 사로잡히게 하는, 희망을 깨뜨려 절망케 하는, 죽음을 부정하게 하는 모든 시도에 도전해야 합니다. 부활은 개인을 향해, 경제 체제를 향해, 정부를 향해 선포합니다. 우리가 소중히 여기고 아끼는 '자기'를 내려놓을 줄 모르는 삶을 추구해서는 안 된다고 말입니다. 그리스도와 함께 가십시오. 그분의 사랑 안에 죽으십시오. 아버지께서 주시는 영원한 선물에 마음을 여십시오. 그리고 그리스도와 함께 다시 일어나십시오.

주님께로 가까이 오십시오. 그분은 살아 있는 돌입니다.
사람들에게는 버림을 받았지만 하느님께는 선택을 받은 귀한 돌입
니다. 여러분도 신령한 집을 짓는 데 쓰일 산 돌이 되십시오.

(1베드 2:4)

05
―
삶을 선택하라

안식일이 지나자 막달라 여자 마리아와 야고보의 어머니 마리아와 살로메는 무덤에 가서 예수의 몸에 발라드리려고 향료를 샀다. 그리고 안식일 다음날 이른 아침 해가 뜨자 그들은 무덤으로 가면서 "그 무덤 입구를 막은 돌을 굴려내 줄 사람이 있을까요?" 하고 말을 주고받았다.

가서 보니 그렇게도 커다란 돌이 이미 굴려져 있었다. 그들이 무덤 안으로 들어갔더니 웬 젊은이가 흰옷을 입고 오른편에 앉아 있었다. 그들이 보고 잘겁을 하자 젊은이는 그들에게 "겁내지 마라. 너희는 십자가에 달리셨던 나자렛 사람 예수를 찾고 있지만 예수는 다시 살아나셨고 여기에는 계시지 않다. 보아라. 여기가 예수의 시체를 모셨던 곳이다. 자, 가서 제자들과 베드로에게 예수께서는 전에 말씀하신 대로 그들보다 먼저 갈릴래아로 가실 것이니 거기서 그분을 만나게 될 것이라고 전하여라." 하였다.

여자들은 겁에 질려 덜덜 떨면서 무덤 밖으로 나와 도망쳐 버렸다. 그리고 너무도 무서워서 아무에게도 말을 못하였다. (마르 16:1-8)

오늘날 우리 사회에서 부활절을 기념하는 한 가지 방법은 우후죽순 쏟아지는, 그리스도교 신앙의 역사적 기반을 두고 벌어지는 논쟁들을 캐낸 신문 기사와 텔레비전 프로그램을 보는 것입니다. 그러니 몇 주 전 유다 복음서Gospel of Judas가 발견되었다는 소식이 떠들썩하게 보도된 것도 그다지 놀랄 일은 아닙니다. 무수한 매체가 이 문헌을 두고 기존의 수난과 부활 이야기를 대체할, 전통적인 믿음의 기반을 흔드는 문헌이라고 이야기합니다. 이들은 초대 교회의 별난 비주류가 만든, 유다 복음서와 유사한 문헌들이 이미 많이 있으며 유다 복음서는 명백히 후대의 것이라는 점은 신경 쓰지 않습니다. 어찌 되었든 이 문헌의 발견은 특종이어야 합니다. 그리스도교 신앙의 기원에 대해 '이제는 말할 수 있는', 실제 문헌이니 말입니다.

우리는 이른바 '다빈치 코드'Da Vinci Code에 관한 언론의 집중 취재 기사에서도 이와 유사한 면모를 발견할 수 있습니다. 어떤 음모가 있고 진실은 은폐되었다는 주장 말이지요. 이러한 주장은 매력적입니다. 오늘날 우리의 상상을 자극하는 재료는 너무나 많아졌기에 이러한 일이 일어나는 것은 어쩌면 자연스러운 일입니다. 고대 문헌, 특히 성서 본문의 경우에는 좀 더 그렇습니다. 우리는 이 본문들을 그다지 신뢰할 수 없는 언론사가 공식적으로 일어난 일에 대해 작성한 보도 자료처럼 대합니다. 진짜 이야기는 감춰져 있기에 두려움 없는 탐정이나 기자가 이를 캐내 진실을 기다리고 있는 세상에 그 결과를 알려주기를 기대합니다. 그것이 무엇이든 공식적인 판본은 자동으로 의혹의 대상이 됩니다. 그럴 경우 진짜로 일어난 일이 무엇인지를 찾아내려 하는 이를 가로막는 누군가, 혹은 어떤 집단이 있기 마련입니다. 은폐된 진실은 현재 공인받은 집단의 힘을 뒤흔들 수 있고, 그 권위에 이의를 제기할 수도 있으니 말이지요.

이 모든 것은 그럴싸한, 그리고 특성상 '현대적인' 이야기, 권위에 저항하고, 비밀을 밝혀내며 부패와 속임수를 들춰내는 이야기를 만들어 냅니다. 워터게이트 사건과 영화 「모두가 대통령의 사람들」All the President's Men은 그 대표적인 예입니다. 누군가 다빈치 코드를 다룬 텔레비전 프로그램을 본 뒤 말했듯 우리는 지리멸렬한 현실을 마주하기보다는 흥미진진한 이야기를 믿기를 더 좋아합니다.

우리는 말의 힘을 의심하게 되었습니다. 비판받기 두려워하는 이들을 지키기 위해 하는 일들을 믿지 못하게 되었습니다. 우리는 우리가 마주한 정보를 전부 누군가가 미리 만들어 둔 계획에서 비롯한 정보로 여기곤 합니다. 마치 마술사가 마술쇼를 할 때 미리 정해두고 패를 관객에게 주는 것처럼 말이지요. 그래서 "그리스도께서 다시 사셨습니다!"라고 선포하면 사람들은 이런 반응을 보이기 일쑤입니다. "그래요, 그렇게 말할 줄 알았어요. 그런데 그런 말을 하는 저의가 무엇입니까?"

또한 우리는 권력을 신뢰하지 않습니다. 그리고 교회는 역사적으로 기득권층에 속했거나 또 다른 종류의 기득권층이었기에, 또한 정치 권력과 밀접한 관계를 맺고 있을 때가 많았기에 교회를 향해 널리 퍼져 있는 의혹이 손쉽게 거두어지리라고 기대하기란 거의 불가능합니다. 그러나 이러한 의혹은 신약성서 저자들이 실제로 말하는 내용과 그렇게 말하는 이유를 이해하는 데 전혀 도움이 되지 않습니다. 오늘날 교회는 지난 2,000년 동안 켜켜이 쌓인, 제각각인 그리스도에 관한 증언들을 솎아내고 부활 사건이 지닌 중요성, 충격적인 면모, 우리와의 직접적인 연관성을 드러내기 위해 노력해야 합니다.

교회의 존재 목적은 사람들이 믿어야 할 것을 독단적으로 규정해 역사의 흐름을 거치며 바뀌는 지배 계층에 들러붙어 수 세기에 걸쳐 그 메시지를 전달하는 것이 아닙니다. 교회는 교회에 속한 이들을 포함해 모든 사람이 나자렛 예수를 살아 있는 동시대 인물로 만나게 하기 위해 존재합니다. 우리가 교회에 모여 행하는 성찬례는 과거 종교 지도자의 유산에 접근할 수 있는 특별한 권한을 가진 이의 주관 아래 그를 기념하는 행사가 아닙니다. 성찬례는 첫 번째 부활절 예수의 제자들이 그랬듯 살아있는 예수를 만나도록 초대받는 사건입니다. 그리고 성서는 사제나 설교가들이 자신의 개인적인 바람이나 이념을 드러내기 위해 활용하는 책이 아닙니다. 한 사회에서 그 권위를 인정받는 법전이나 규정집도 아닙니다. 성서는 오늘날 인류와도 독특하고도 긴밀한 연관을 맺고 있는 말의 모음입니다. 성서는 오늘날 인류가 하느님의 부르심에 마주하게 해줍니다. 이러한 맥락에서 성서를 이루는 말 뒤에는 신성한 힘이 흐르고 있습니다.

부활절은 예수를 통해 하느님께서 하신 활동이 오늘날에도 이어지고 있음을 감지하는 능력을 회복하는 날입니다. 교회가 하는 모든 활동, 성찬례를 하는 것, 성서를 읽는 것, 사제나 주교를 서품하는 것은 모두 예수 그리스도와 우리의 만남이 지금 여기서 이루어지게 하도록 돕는 활동이 되어야 합니다. 달리 말해 교회의 모든 활동은 예수를 투명하게 드러내야 합니다. 교회는 그분의 임재를 가로막거나 가려서는 안 됩니다.

물론 회의론자는 이의를 제기하겠지요. "좋습니다. 그런데 도대체 왜 제가 그걸 믿어야 하나요? 그런 믿음을 갖게 하려는 사람은 누가 봐도 꽤나 기득권을 가진 사람이던데 말입니다. 교회가 딱히 신뢰할 만하다거나, 투명함의 본이 되는 기관 같지도 않고요."

이에 모든 설교자가 할 수 있는 일은 신약성서 본문이 어떻게 만들어졌는지, 그 본문을 움직이는 힘이 무엇인지를 가리키는 것뿐입니다. 두 가지를 기억하십시오. 첫 번째, 신약성서는 요즘 말로 하면 힘을 더 가지려 한 이들이 아니라 힘을 더 내려놓으려 한 이들이 자신들이 무엇을 했으며 무엇을 믿는지를 기록한 책입니다. 그들은 정치적 탄압, 종교적 탄압을 받을 일이 없는 안전한 곳을 떠나 지도에도 없는 곳으로 나아갔습니다. 그들은 자신들이 본래 속해 있던 전통적인 유대교와 로마 사회와 법을, 그것들이 제공해주는 안전망을 스스로 저버렸습니다. 복음서, 바울로의 편지, 수수께끼 같은 "히브리인들에게" 보낸 편지는 모두 그들이 유죄 선고를 받아 군중 앞에서 벌거벗겨져 처형당한 범죄자들이 겪었던 수모를 자진해서 겪으려 자신을 내몰아 갔다고 입을 모읍니다.

두 번째는 신약성서가 자신들이 생각했던 것보다 더 큰 실재를 이해할 수 있는 말을 찾으려 애썼던 이들이 남긴 기록이라는 것입니다. 특히 부활 이야기는 이제껏 경험해 보지 못한, 낯선 경험을 표현할 적절한 말을 찾기 위해 애쓴 이들이 남긴 이야기의 모든 특징을 갖고 있습니다. 몇몇 신비가들이 자신의 체험을 표현하기 위해 역설적인 언어, 긴장을 이루는 언어를 썼듯 말이지요. 제자들은 정말로 예수를, 언제나 그랬던 것처럼 살과 피를 갖고 있는 예수를 만났습니다. 그러나 그들은 단번에 그를 알아보지 못했습니다. 그가 살과 피를 가진 인간 이상의 무언가였기 때문입니다. 제자들이 예수를 알아본 순간, 부활한 예수께서 그들에게 빵을 떼어 주시던 순간, 십자가 못에 박힌 손을 그들에게 보여주시던 순간, 그분은 다시금 떠나셨고 제자들은 더듬거리며 이를 표현할 말을 찾았습니다. 그분은 제자들에게 당신의 승리를 선포하시고 당신의 이름으로 죄를 사할 수 있는 권세와 능력을 주셨습니다. 그러나 동시에 그분은 제자 베드로에게 그가 훗날 묶여서 형장에 가게 될 것이라고 말씀하셨습니다.

이렇듯 신약성서는 권력을 가진 엘리트의 이익을 위해 복무하는, 특정 의제를 다루고 있는 책이 아닙니다. 신약성서는 커다란 위협 속에서, 이를 감내했던 공동체의 산물입니다. 그들은 어떤 신비, 자신들과 함께하는 어떤 존재, 곧 예수의 현존이 자신들을 그 길로 인도하고 있다고 느꼈습니다. 그 존재, 예수 그리스도는 그들에게 절대적인 권위를 갖고 있었습니다. 그들은 예수와 동행하는 것이, 그의 무리에 합류하는 것이 충만한 삶을 누리고 온전한 사람됨을 이루는 길이라 확신했습니다. 그들은 탐욕을 부리지 않고, 서로를 두려워하지 않으며, 의심 없이 함께 살아가는 법을 찾았습니다. 위험으로 가득 찬 이 세계에 그들은 정의가 실현되는 세계, 서로 섬김과 감사로 일구어진 세계를 드러내는 선물을 받았다고 생각했습니다. 그들은 정의, 서로 섬김, 감사 앞에 이 세상의 위험은 아무것도 아니라고 믿었습니다. 그들은 예수 그리스도께서 하신 약속이 이루어질 것을 신뢰했고 자신들에게 닥쳐오는 위협을 감내했습니다.

그 약속은 그것이 무엇이든 간에 아무것도 은폐하지 않으며 권력을 움켜쥐려는 은밀한 의도를 담고 있지 않습니다. 그 약속이 우리에게는 터무니없어 보이고 비현실적으로 다가올지라도 말입니다. 부활 사건에 담긴 메시지의 본질에 관한, 그리고 신약성서 시대를 살아가던 이들에 관한 이런저런 이야기들에 속지 마십시오. 우리가 주목해야 할 것은 오늘날에도 그들과 동일한 위험을 감내하고 있으며 그들이 마주했던 신비와 씨름하고 있는 이들이 있다는 것입니다. 저 약속이 오늘날 무엇을 의미하는지를 알고 싶다면 우리는 이들을 향해 발걸음을 옮겨야 합니다. 오늘날에도 순교자와 신비가가 있습니다.

여전히 세계 곳곳에는 치열하되 아무 소리도 없는 기도로 삶을 살아감으로써 예수 그리스도 안에 계신 하느님을 이야기해주는 이들이 있습니다. 지난해 방영되었던 텔레비전 시리즈 「수도원」The Monastery*은 하느님께서 얼마나 강력하게 당신을 드러내시는지를 보여주었습니다. 이 방송은 지극히 평범한 인간들이 진실해야 하며 침묵해야 하고 어떠한 대가를 치르더라도 화해를 모색해야 하는 삶을 마주한 모습을 보여주었습니다.

하지만 우리가 좀 더 주목해야 할 이들이 있습니다. 바로 자기 삶을 위험으로 떠밀며 예수 그리스도 안에 계신 하느님을 우리에게 말해주는 사람들입니다. 이 세상에는 그리스도교 신앙을 가지려면 문자 그대로 '목숨'을 걸어야만 하는 곳이 여전히 있습니다. 여러분은 아프가니스탄에 있는 압둘 라흐만Abdul Rahman의 가슴 아픈 이야기를 아실 겁니다. 그리고 그가 겪은 일이 그에게만 해당하는 일이 아니라는 것 또한 우리는 알고 있습니다. 그러므로 우리는 절대적인 확신을 가지고 말할 수 있습니다. 이와 같은 상황들에서 무엇을 의미하든 간에 복음은 권력을 위해 종사하지 않으며 진실을 은폐하지 않는다고 말입니다.

세상에서는 화해를 현실로 이루어내기 위해 폭력과 살인을 무릎 꿇게 만드는 사건도 일어나고 있습니다. 대략 3년 전, 솔로몬 제도에서 극심한 내전이 벌어지는 동안 성공회 수도회인 멜라네시아 형제회

---

* 2005년 BBC에서 방영한 리얼리티 프로그램. 종교 여부와 상관없이 일반인이 수도원에 들어가 겪는 일들을 다루었다.

Melanesian Brotherhood는 평화를 일구는 데 주된 역할을 맡았습니다. 이 수도회는 기도하고 가르치며 복음을 전한다는 공동의 규율에 헌신했으며, 여러 마을을 돌아다니며 연극과 노래, 설교를 통해 이를 실천했습니다. 반군은 형제회에 속한 7명을 인질로 붙잡아 잔인하게 살해했습니다. 이 무자비한 살인 행위는 이제 막 평화 협정의 싹을 틔우던 이들에게 큰 충격을 주었습니다. 그럼에도 형제회 구성원들은 흔들림 없이 이 모든 과정에 참여했습니다.

지난여름, 형제회의 많은 이가 잉글랜드에 방문하여 여러 지역 교회와 학교에서 자신들이 준비한 노래를 부르고 연극을 상연했습니다. 그 모습을 지켜본 사람들이라면 그들을 평생 잊지 못할 것입니다. 형제회가 한 연극 중에는 수난극도 있었습니다. 형제회에 속한 한 명이 대본을 썼지요.

이 수난극은 2003년 살해당한 우리의 일곱 형제의 이야기를 증언합니다. 그리스도를 따라 그들은 자신들이 막으려 온 힘을 다했던 폭력의 무고한 희생자가 되었습니다. 그들은 매 맞고 조롱당하고 고문을 받았습니다. 살인자들은 역겨운 조롱으로 그들을 시험하며 이를 테이프 녹음기에 녹음했습니다. 이 연극을 통해 이들이, 그리고 이들의 선함과 무고함이 여러분에게 전달되기를 바랍니다. 또한 이 현실에 분명하게 존재하는 악을 인식하는 계기가 되기를 바랍니다. 그 악이란 형제들의 반대편에, 그러나 우리 안에도 도사리고 있는 야만성을 정당화하는 것입니다. 이것이야말로 이 세상의 진정한 죄입니다.

… 그리스도의 수난 이야기는 2,000년 전 일어났지만, 여전히 우리가 사는 세상 곳곳에서 일어나고 있습니다. 그러나 우리는 변화되었습니다. 우리는 죽음이 아니라 부활을 설교하기 위해 세계의 반대편까지 돌아다니고 있습니다. 우리가 어디에 서 있어야 할지를 알고, 누구에게 속해야 할지를 알기 때문입니다. 우리는 믿습니다. 이 모든 것은 한 가지 선택, 곧 생명을 주시는 분에게 속하기를 선택하는 데 달려 있다고.

"우리가 어디에 서 있어야 할지를 알고, 누구에게 속해야 할지를" 아는 것, 교회사에서 무수히 많이 일어났던 혼란과 배반의 사건들 너머에, 지금도 교회에서 일어나고 있는 권력 다툼 너머에는 이 한 가지 확신, 바위처럼 단단한 확신, 신약성서의 모든 언어를 이끌어낸 확신이 있습니다. 이는 음모론과는 아무 상관이 없으며 권력자들의 야망과도 아무런 관련이 없습니다. 모든 권력을 내려놓은 이, 기도하는 이, 그리스도와 그분의 평화를 위해 자신의 목숨을 내놓는 이, 이들이야말로 하느님의 말씀을 이해하는 사람들입니다. 복음에 담긴 이 진리를 받아들이기 위해 우리가 해야 할 일은 근심 많은 고위 성직자들과 옥신각신하는 파당들이 모여 만든, 불안을 일으키고 불필요하게 안달복달하게 만드는 의제에 가담하는 것이 아닙니다. 삶을 선택하십시오. 우리에게 생명을 주시는 그분께 속하는, 삶을 선택하십시오.

"나는 너희에게 평화를 주고 간다. 내 평화를 너희에게 주는 것이다. 내가 주는 평화는 세상이 주는 평화와는 다르다. 걱정하거나 두려워하지 마라. 내가 떠나갔다가 너희에게로 다시 오겠다는 말을 너희가 듣지 않았느냐? 아버지께서는 나보다 훌륭하신 분이니 만일 너희가 나를 사랑한다면 내가 아버지께로 가는 것을 기뻐했을 것이다. 내가 지금 이 일을 미리 알려주는 것은 그 일이 일어날 때 너희로 하여금 믿게 하려는 것이다. 너희와 이야기를 나눌 시간도 얼마 남지 않았다. 이 세상의 권력자가 가까이 오고 있다. 그가 나를 어떻게 할 수는 없지만 나는 아버지를 사랑하고 아버지께서 분부하신 대로 실천한다는 것을 세상에 알려야 하겠다. 자, 일어나 가자." (요한 14:27~31)

"나를 따르려는 사람은 누구든지 자기를 버리고 제 십자가를 지고 따라야 한다. 제 목숨을 살리려고 하는 사람은 잃을 것이며 나를 위하여 제 목숨을 잃는 사람은 얻을 것이다." (마태 16:24~25)

06

자유케 하는 진리

그리스도께서 이렇게 죽으신 것은 사람들이 이제는 자기 자신을 위하여 살지 않고 자기들을 위해서 죽으셨다가 다시 살아나신 분을 위하여 살게 하시려는 것이었습니다. 그러므로 우리는 이제부터 아무도 세속적인 표준으로 판단하지는 않을 것입니다. 전에는 우리가 세속적인 표준으로 그리스도를 이해하였지만 이제는 그렇게 하지 않습니다.

누구든지 그리스도를 믿으면 새 사람이 됩니다. 낡은 것은 사라지고 새것이 나타났습니다. 이것은 모두 다 하느님께로부터 왔습니다. 하느님께서는 그리스도를 내세워 우리를 당신과 화해하게 해주셨고 또 사람들을 당신과 화해시키는 임무를 우리에게 주셨습니다. 곧 하느님께서는 인간의 죄를 묻지 않으시고 그리스도를 내세워 인간과 화해하셨습니다. 그리고 그 화해의 이치를 우리

에게 맡겨 전하게 하셨습니다. (2고린 5:15-19)

2년 반 전이었습니다. 그때 저는 솔로몬 제도에 있는 작은 섬 말레이타의 한 축구장에서 성찬례를 집전한 뒤 야외에서 말레이타 주지사와 식사를 나누었습니다. 식사를 하며 우리는 1년 전까지 솔로몬 제도의 섬들을 갈라놓았던, 피비린내 나는 내전에 관해 이야기를 나누었습니다. 그는 말했습니다. "제게 복을 빌어주십시오. 저는 대중에게 내전에는 다른 섬 사람들 만큼이나 우리에게도 책임이 있다고 말해야 합니다. 저는 사람들 앞에서 조용히 해달라고 요청한 뒤 무릎을 꿇고 지난 몇 년간 일어난 소름 돋는 일들에 우리가 힘을 보탰음을 고백하려 합니다. 당신이 우리의 이 모든 행위를 하느님께서 용서하신다고 선포해 주셨으면 합니다."

때때로 우리는 전에 없이 복음을 생생하게 들을 때가 있습니다. 여기 한 사람의 정치인이 있습니다. 그는 엄청난 고통을 겪었고 또한 엄청난 고통을 가했던 공동체를 대표하고 있습니다. 그런 그가 말합니다. "우리는 모두 잘못을 저질렀습니다. 우리에게는 치유와 용서가 필요합니다. 문제는 '그들'이 아니라 '우리'입니다. 혹은 우리와 그들 모두입니다." 이 말은 저에게 화해가 의미하는 바를 그 뼈대까지 볼 수 있게 해준 최초의 순간으로 다가왔습니다.

지난 역사를 되돌아보는 것, 그리고 자신의 이야기를 하는 것, 이에 그치지 않고 다시 한번 돌아보아 다른 이야기가 있는지 찾아보는 것,

나아가 그 이야기들의 당사자들이 말할 기회를 내어주는 것. 앞을 향한 이 움직임은 정말이지 커다란 발걸음입니다. 저는 몇 주 전 이언 페이즐리Ian Paisley와 게리 애덤스Gerry Adams가 이 발걸음을 시작했는지 잘 모르겠습니다.* 하지만 적어도 그들의 결정은 다른 누군가가 이 걸음을 걷는 데 조금이나마 보탬이 될 것입니다. 북아일랜드에는 오랜 세월 두 이야기가, 양립할 수 없는 두 이야기가 있었습니다. 북아일랜드 가톨릭 신자들은 비정한 영국 제국주의, 조직적인 차별과 경제 부정의, 부패한 경찰관을 이야기했습니다. 그런가 하면 북아일랜드 개신교 신자들은 잔인한 테러, 종교 권위주의, 은밀하게 폭력을 부추기는 사제들을 이야기했습니다. 그러한 인식들은 모두 객관적인 기록이 아님을, 역사는 모든 이가 내린 결정을 반영하고 있음을, 그 결정은 때로는 충격적이었고 때로는 비극적이었으며 때로는 어리석었음을, 그 모든 결정과 이로 인해 겪어야 했던 고통은 오늘 우리가 결정을 내리는 데 도움을 줄 힘을 갖고 있지 않음을 희미하게나마 식별할 가능성이 조금씩 생기고 있습니다.

갈등에 빠졌을 때 우리는 자연적인 성정상 주위 사람들에게 우리의 이야기가 옳다고, 반대편에서 겪는 고통이 얼마나 극심하든, 반대편이 얼마나 커다란 비극 속에 있든 간에 우리의 고통과 비극에 견주면 아무것도 아니라는 데 동의해 주기를 바랍니다. 그리고 누군가 저들의

---

* 2007년 3월 26일 연립 정부를 수립하기로 합의, 이를 5월 8일 이행한 것을 가리킨다.

말에도 귀 기울여보자고 제안하면, 우리는 그 누군가가 저들이 저지른 끔찍한 일을 정당화한다고 여깁니다. 이는 개인적인 관계에서도 마찬가지이고 국가와 국가, 문화와 또 다른 문화와의 관계에서도 마찬가지입니다. 어떠한 관계에서든 간에 우리는 곧잘 강박적이고 파괴적인 모습을 보이며, 그렇게 하더라도 세상이 우리만 무고하다는 것을 알아주기를 바랍니다.

물론 세상에는 불균형이 큰 관계들이 있습니다. 최근까지 암울한 역사로 이어졌던 노예제는 그 대표적인 예입니다. 또한 소름이 돋을 만큼 한 사람이 다른 사람에게 일방적으로 폭력을 행사하는 관계도 있습니다. 배우자가 폭력을 휘두르는 결혼 관계라든지, 아이에게 폭력을 휘두르는 아동 학대가 여기에 해당합니다. 정신 나간 사람이 아닌 이상 이러한 관계를 두고 문제에 대한 책임은 양쪽 모두에게 있다고 하지는 않을 것입니다.

그러나 제가 전하고자 하는 이야기의 핵심은 누군가 완전히 무고하다고 선언한다고 해서, 혹은 누군가가 완전히 잘못했다고 선언한다고 해서 상황이 바뀌지는 않는다는 것입니다. 아이를 향한 폭력, 누군가를 노예로 만드는 폭력이 끔찍하고 지독하게 악랄한 행위인 것은 그 피해자들이 무고한 존재여서가 아니라 그들이 '인간'이고 무력한 존재이기 때문입니다. 이를 깨달을 때만 변화가 일어납니다. 예수에 관한 이야기는 절대악의 화신과 절대선과 무고함의 화신이 등장하는 동화가 아닙니다. 이 이야기는 인간이 겪는 고통의 이야기이며, 인간이 저지르는 잘못의 이야기이자 폭력의 이야기, 죄의 이야기이기도 합니다. 이 이야기에서 사람들은 그 사람이 무고하든 무고하지 않든 간에 암흑의 소용돌이로 빠져들어 갑니다. 개인적인 차원에서든 집단적인 차원에서든 서로 간의 힘의 불균형이 크지 않은 관계, 어른들의 관계가 진전하기 위해서는 마음을 열고 자신이 알지 못하는 자신의 모습을 발견하고 상대의 시선으로 자신을 바라보는 법을 익혀야 합니다. 상대는 나를 공정하게 바라볼 수도 있고 그렇지 않을 수도 있습니다. 그러나 그러한 현실이 나에 대한 반응과 결정으로 나타난 현실이라는 점만큼은 분명합니다. 우리는 서로 귀 기울여야 합니다. 그것이 때로는 불쾌하고 굴욕적이라 할지라도 말입니다.

십자가 사건과 부활 사건은 우리 한 사람 한 사람 모두 무언가 심각하게 잘못된 일에 엮여 있다고 말합니다. 우리 그리스도교인들은, 말뿐이라 할지라도, 예수께서 우리의 죄 때문에 죽으셨다고, 그분이 죽으심으로 인류가 구원을 얻게 되었다고 고백합니다. 그렇게 함으로써 우리는 우리에게는 스스로 찾을 수도 없고 만들 수도 없는 것이 필요함을, 어딘가 다른 곳에서 오는, 우리와는 다른 누군가의 말과 선물, 손길이 필요함을 고백합니다. 무언가가 우리를 망상과 실패의 손아귀에 붙들려 있게 하더라도 저 말과 선물, 손길을 통해 자유로워질 수 있다고 우리는 말합니다. 예수께서 모든 것을 온전케 하려고 죽음을 맞이하셨다면 이는 모든 것이 온전치 못함을, 병들어 있음을 암시합니다. 십자가 사건은 자신이 옳다고 생각하든 잘못되었다고 생각하든 간에, 너나 할 것 없이 모든 이가 자신의 내면을 들여다보게 하며 주님의 죽음이라는 연극에서 자신이 어떠한 배역을 맡고 있는지를 묻게 합니다. 이 연극에서 무고한 인물은 단 한 명뿐이며 그 인물은 저나 여러분이 아닙니다.

우리 한 사람 한 사람에게는 모두 예수를 십자가에 못 박는 이들과 같은 편에 서게 하는 것들이 있습니다. 우리가 직면하고 싶지 않은 것들, 이기심이나 두려움과 같은 습관, 편견, 부족한 사랑, 냉담함 등… 이런 것들과 마주했을 때, 우리 안에서 이런 것들이 활개 치도록 내버려 둘 때 우리는 어떤 면에서, 그것이 아무리 작다 해도 이미 예수의 죽음에 기여한 것입니다. 그분이 십자가에 매달려 계신 이유는 우리가 지금의 모습 그대로 있기 때문입니다.

그러나 부활의 날, 이 암울한 인식은 완전히 뒤집힙니다. 우리는 모두 예수의 죽음에 연루되어 있습니다. 그러나 모든 인간이 저지른 실패와 잘못의 무게가 아무리 무겁다 할지라도 하느님의 창조적인 사랑을 짓누를 수 없습니다. 우리는 우리 모두의 이기심과 두려움을 비극적으로 드러내는 한 남자의 이야기를 나눕니다. 그러나 하느님께서는 이 남자의 이야기 속으로 들어오셨으며 살과 피로 이루어진 인간으로 조건 없는 사랑의 삶을 사셨습니다. 그분은 자기 자신을 지키려 하지 않으셨습니다. 누구에게 자신을 받아들이라고 강요하지도 않으셨습니다. 인류가 자신을 위해 만든 세계, 정치와 종교의 세계, 여러 집단이 얽혀 있는 이 세계에서 거룩한 사랑은 패배합니다. 이른바 현실 세계와 마주했을 때 거룩한 사랑은 자기 자신을 지킬 아무런 힘도 갖고 있지 않습니다. 이 세계를 살아가는 모든 이에게 영향을 미치는 잘못과 실패의 어두운 소용돌이는 예수를 자기 쪽으로 끌어당깁니다. 그의 몸과 영혼은 파괴되는 것처럼 보입니다. 십자가 사건은 이것이 바로 우리가 사는 세계이며 우리는 그 세계의 일부라고 말합니다.

그러나 그러한 세계보다 좀 더 숙고해야 할 것은 바로 사랑입니다. 거룩한 사랑이 스스로 말했듯 영원하며 조건 없는 사랑이라면 그 사랑은 파괴되지 않을 것입니다. 더구나, 그 사랑이 인간이 되었다면, 예수의 살과 피라면 결코 파괴될 수 없습니다. 사도행전에서 예수의 친구들은 부활한 예수와 함께 먹고 마십니다(우리가 성찬례를 통해 먹고 마시듯 말이지요). 하느님께서 예수 안에서, 예수를 통해 이 세계에 보내신 생명은 이곳에서 영원히 우리와 함께 있습니다.

그러므로 십자가 사건을 통해 달갑지 않은 우리의 모습과 우리가 속한 이 세계의 모습을 직면하고 받아들인다면 우리는 낯선 방식으로 자유케 되어 부활 사건이 말하는 바를 듣게 될 것입니다. 무고하려고 발버둥 치기를 단념하십시오. 하느님께서 네가 옳았고 다른 모든 이는 틀렸다고 선언해주시리라는 희망을 버리십시오. 다만 우리에게 필요한 모든 치유를 그분께 구하고 우리를 자유케 할 모든 은총과 희망을 간절히 구하십시오. 그리고 우리 이웃을 향해 한 걸음 한 걸음 나아가십시오. 부활은 하느님께서 언제든 저 은총을 베푸시고 우리와 함께 걸으시는 분임을 드러내는 사건입니다. 바울로는 로마인들에게 보낸 편지에서 담대하게 말합니다.

> 하느님께서 모든 사람을 순종하지 않는 상태에 가두신 것은 그들에게 자비를 베푸시려는 것입니다. (로마 11:32)

이 세계에서 서로 증오하고 의심하는 끔찍한 상태가 고착화될 때, 고통과 잔혹 행위가 서로 얽히며 퍼져나갈 때, 우리는 이 부활의 메시지가 들리기를 기도해야 합니다. 중동에서, 북아일랜드에서, 발칸과 스리랑카에서, 아프리카의 종족들 사이에서 일어나는 갈등 가운데, 그리스도교인이라면 즉시 십자군을 떠올리는 무슬림과 무슬림이라면 즉시 테러리스트를 떠올리는 그리스도교인의 마음에 자리한 의심 가운데, 온갖 악재가 뒤얽힌 불행한 관계들 가운데, 우리는 십자가와 부활이 우리에게 전하는 바를 받아들일 수 있을까요? 우리는 모두 덫에 걸려 있습니다. 하느님께서 우리보다 위대하심을, 어떠한 일이 일어난다 해도 그분께서는 단호하게, 그리고 끊임없이 우리 가운데에서 당신의 생명을 퍼뜨리고 계심을 깨달을 때만 우리를 위한다며 우리 스스로 만들어 놓은 덫에서 풀려날 수 있습니다. 그때, 우리는 자유를 얻을 것입니다. 저 말레이타의 정치인처럼 자유롭게, 용기를 내어 현실을 직시하고 과거와 마주하며 참된 화해를 향한 위험천만한 여정을 시작할 것입니다.

우리 주 예수 그리스도를 통하여 우리에게 승리를 주신 하느님께 감사합시다. 그러므로 사랑하는 형제 여러분, 굳건히 서서 흔들리지 말고 언제든지 주님의 일을 열심히 하십시오. 주님을 위해서 하는 노력은 결코 헛되지 않다는 것을 명심하십시오.

(1고린 15:57~58)

우리는 세례를 받고 죽어서 그분과 함께 묻혔습니다. 그래서 그리스도께서 아버지의 영광스러운 능력으로 죽은 자들 가운데서 다시 살아나신 것처럼 우리도 새 생명을 얻어 살아가게 된 것입니다. 우리는 그리스도와 같이 죽어서 그분과 하나가 되었으니 그리스도와 같이 다시 살아나서 또한 그분과 하나가 될 것입니다. 예전의 우리는 그분과 함께 십자가에 못박혀서 죄에 물든 육체는 죽어버리고 이제는 죄의 종살이에서 벗어나게 되었다는 것을 우리는 알고 있습니다. 이미 죽은 사람은 죄에서 해방된 것입니다. 우리가 그리스도와 함께 죽었으니 또한 그리스도와 함께 살리라고 믿습니다. 그것은 죽은 자들 가운데서 다시 살아나신 그리스도께서 다시는 죽는 일이 없어 죽음이 다시는 그분을 지배하지 못하리라는 것을 우리가 알고 있기 때문입니다.

그리스도께서는 단 한 번 죽으심으로써 죄의 권세를 꺾으셨고 다시 살아나셔서는 하느님을 위해서 살고 계십니다. 이와 같이 여러분도 그리스도 예수와 함께 죽어서 죄의 권세를 벗어나 그와 함께 하느님을 위해서 살아야 한다고 생각하십시오. 그러므로 결국 죽어버릴 육체의 욕망에 굴복하지 마십시오. 그래야 죄의 지배를 받지 않을 것입니다. 또 여러분의 지체를 죄에 내맡기어 악의 도구가 되게 하는 일은 없어야 합니다. 오히려 여러분은 죽었다가 다시 살아난 사람으로서 여러분 자신을 하느님께 바치고 여러분의 지체가 하느님을 위한 정의의 도구로 쓰이게 하십시오. 여러분은 율법의 지배를 받는 것이 아니라 은총의 지배를 받고 있으므로 죄가 여러분을 지배할 수 없을 것입니다. (로마 6:4~14)

07

승리가 죽음을 삼키리라

마지막으로 물리치실 원수는 죽음입니다. (1고린 15:26)

머리카락과 손톱은 우리가 죽은 다음에도 한동안 계속 자랄 수 있습니다. 하지만 그 밖에는 아무런 일도 일어나지 않지요. 죽음은 성장이 멈추는 것, 몸이 자기를 스스로 고치지 않고 새로운 세포 조직이 자라지 않는 것, 뇌와 심장이 모두 활동을 멈추는 것을 뜻합니다. 우리는 죽음을 맞이하기도 전에 뇌나 심장이 반응하기를 멈추었을 때 어떠한 고통이 일어나는지 알고 있습니다. 누군가 식물인간 상태가 되었을 때, 혹은 치매에 걸렸을 때 우리는 그 모습을 보는 것만으로도 괴롭습니다. 우리는 이러한 상태를 보며 "살아 있어도 죽은 것이나 마찬가지"

라고 말합니다. 생명은 '반응'과 '발달'이라는 신호를 보냄으로써 자신이 살아있음을 알립니다. 그러한 신호를 분명하게 발견할 수 없을 때 우리는 그곳에 생명이 있는지 없는지 알 수 없습니다.

이러한 맥락에서 우리는 관계에 아무런 진전이 없을 때 그 관계가 사그라들었다고, (시체처럼) 싸늘해졌다고 말합니다. 개인이나 문화가 전혀 새로운 것을 만들어내지 못하는 것처럼 보일 때 (어떤 면에서는) '죽었다'는 말을 쓰기도 합니다. 이때 개인, 혹은 문화는 치매와 같은 질병으로 고통받는 사람처럼, 반응하는 법을 잃은 채 기존의 것을 되풀이할 뿐입니다. 치매가 두려운 이유는 아무런 반응도 변화도 일으킬 수 없는 상태에 갇혀 반복만 하기 때문입니다. 우리는 사랑하고 상상하는 힘을 잃는 것, 사랑과 상상의 죽음을 두려워합니다. 더 나아가 우리는 죽음 그 자체를 두려워합니다. 죽음이란 결국 변화가 끝나는 것이기 때문입니다. 그리고 우리는 이를 피할 수 없음을 알고 있습니다.

우리를 키워주고 풍성하게 해주는, 그래서 우리가 가치 있게 여기는 모든 과정이 어느 날 갑자기 멈춰버린다는 사실을 받아들이기란 매우 어려운 일입니다. 하지만 이를 받아들이는 것은 성장하는 과정의 일부입니다. 예술가, 과학자, 심리학자들은 죽지 않을 것이라는 착각이 얼마나 위험한지를 각기 다른 방식으로 경고했습니다. 인간은 진실을 받아들일 때, 그리하여 모든 감각을 활용하여 깊게, 온 마음을 담아 반응할 수 있게 될 때 성숙해집니다. 셰익스피어가 그의 가장 아름다운 소네트에서 표현했듯이 말이지요.

그대 깨치리라, 이로 인하여

그대 사랑 더 강해지리라.

머잖아 떠나야만 할 것 더 사랑해야 하기에. (소네트 73번)

이 가운데, 부활의 복음이 울려 퍼집니다. 얼핏 부활의 복음은 단호하게 이 금욕적인 성숙함을 뒤엎고 우리가 어린아이 같은 환상이라며 젖혀두었던 무한한 삶을 약속하는 것처럼 보입니다. 성 바울로는 하느님께서 죽음을 "물리치실" 것이며 "승리가 죽음을 삼켜"(1고린 15:54)버릴 것이라고 말합니다. 이러한 선언은 장례식을 치를 때면 곧잘 나오는 "죽음은 아무것도 아닙니다", "죽음은 바로 옆방으로 슬며시 들어가는 것입니다"와 같은 말처럼 들기는 좋으나 실은 문제가 많은 구절처럼 보입니다.

그러나 바울로를 포함해 신약성서 저자들이 남긴 말들, 성주간에서 부활절에 이르는 기간 동안 교회에서 부르곤 하는 오래된 찬송과 기도에 담긴 말들은 앞에 이야기했던 말들("죽음은 아무것도 아닙니다", "죽음은 바로 옆방으로 슬며시 들어가는 것입니다")과는 어조가 전혀 다릅니다. 중세 초기 쓰인 한 찬송가는 노래합니다.

죽음과 삶이 거대한 전투를 치렀다.

그리스도의 죽음과 부활이라는 사건들 가운데 삶과 죽음이 전투를 벌인다는 생각은 죽음이 "아무것도 아니"라는 생각과는 거리가 멉니다. "거대한 전투"를 치러야 할 정도로 죽음을 물리치기란 매우 어려운 일입니다. 여기에는 치열한 투쟁이 따릅니다. 예수께서 죽음을 맞닥뜨리셨을 때 그분은 이를 매우 심각한 문제로 받아들이십니다. 그분은 자신이 죽음을 두려워함을 인정하십니다. 게쎄마니에서 절망적으로 기도하실 때는 죽음을 피하려고까지 하십니다. 부활은 죽음을 물리쳤다고 선포하지 아무런 다툼도 없었다고 말하지 않습니다.

여기서 우리는 하나의 단서를 발견할 수 있습니다. 즉 부활은 죽음을 부정하지 않습니다. 부활은 십자가에서 일어났던 악몽 같은 죽음을 현실 아닌 무언가로 만들지 않습니다. 이때 죽음은 예술가와 과학자, 심리학자들이 말했던 바로 그 죽음입니다. 죽음은 인간으로서 할 수 있는 반응과 성장이 완전히 멈추는 것이며, 우리가 가치 있다고 여기거나 잘 알고 있는, 혹은 바라는 그 모든 것에 밤이 찾아오는 것입니다. 그러니 누군가의 죽음 앞에서 두려움을 느끼는 것, 슬퍼하는 것은 지극히 자연스러운 일입니다(기억하십시오. 예수께서도 친구가 죽음에 이르자 눈물을 흘리셨습니다). 죽음을 피하려 하지 마십시오. 죽음이 지닌 심각성을 부정하지 마십시오. 죽음에서 눈을 떼지 마십시오. 죽음을 마음에 되새기십시오. 교회 전통은 날마다 죽음을 생각하라고, 죽음을 준비하라고 조언합니다. 이는 죽음에 대한 병적인 관심을 보이라는 말이 아닙니다. 그것이 영원하지 않으리라는 사실과는 상관없이 모든 순간과 모든 사람을 사랑하고 소중히 여기십시오. 소중히 여기는 법을 몸에 익히십시오. 이 점에 있어서 셰익스피어는 철저한 그리스도인이 었습니다. 그 모든 것을 바로 지금 사랑하십시오. 그 모든 것을 위해 하려 했던 일들을 바로 지금 하십시오. 예수께서 말씀하십니다.

아무도 일할 수 없는 밤이 곧 온다. (요한 9:4)

그렇다면 죽음이 "굴복했다"는 말은 과연 무슨 뜻일까요? 죽음이 일어나고 성장이 멈추면 우리는 아무것도 계획할 수 없습니다. 죽음은 무언가를 손 아래 둘 수 있다는 희망조차 사라지게 만듭니다. 신자들이 쓰는 말을 빌려 쓰자면 죽음 뒤에는 오직 하느님만 남습니다. 꼭 창조가 시작될 때처럼, 하느님이 계십니다. 그리고 하느님께서는 당신의 넘치는 사랑으로 모든 가능성을 주십니다. 죽음이 할 수 있는 모든 것을 다했을 때도 하느님께서는 그대로 남아 계십니다. 죽음은 그분을 건드릴 수 없습니다. 피조물에 대한 그분의 사랑, 생성하고자 하시는 뜻은 영원히 변치 않습니다. 우리가 보기에 죽음은 우리의 세계에 있는 모든 것을 파괴할 수 있습니다. 그러나 그러한 죽음도 세계의 창조자이자 구원자이신 하느님은 파괴할 수 없습니다. 우리가 죽는다는 사실, 우리의 모든 희망과 계획이 어둠에 잠길 것이라는 사실을 받아들일 때 우리는 하느님이 변치 않으신다는 진실을 알게 됩니다. 죽는다는 것은 살아계신 하느님의 손에 떨어짐을 뜻합니다.

이러한 면에서 죽음을 날마다 우리 앞에 두려는 노력은 우리 삶과 희망의 원천이 됩니다. 죽음을 우리 앞에 둠으로써 우리는 날마다 우리 자신을 하느님의 손에 맡기며 그분이 영원히 사랑이 넘치는 창조주임을, 신약성서가 말하듯 그분에게는 어둠이 전혀 없음을 신뢰하게 됩니다(1요한 1:15). 우리 자신을 그분의 손에 맡길 때 우리는 그분께서 자유롭게 우리와 함께 활동하시리라는 확신을, 또한 그 활동이란 바로 생명을 주시는 것이라는 확신을 갖습니다. 부활 이야기는 예수가 어떻게 죽음에서 살아났는지, 혹은 어떻게 예수의 영이 죽을 수밖에 없는 몸(이든 그 무엇이든)이 없어져도 존재할 수 있는지를 말하려 하지 않습니다. 부활 이야기는 어둠 속으로 내려간 한 사람이 그의 모든 것, 그가 겪은 모든 순간, 모든 존재가 사라졌다가 무無에서 다시 부름받았다고 말합니다. 누군가 말했듯 부활은 하느님께서 진행하시는 창조를 이루는 말씀이 결코 억눌리지도, 침묵하지도 않음을 확증하는 제8 요일, 우리의 상상을 벗어난 새로운 무언가입니다.

그러므로 부활절은 창조주, 당신을 내어주심으로써 이루고자 하는 바를 결코 무효로 만들지 않는 분, 당신이 부르는 이들에게 언제나 자유롭게, 끊임없이 자신을 내어주시는 분을 찬미하는 날입니다. 우리에게 부활은 그분이 우리를 새롭게 부르심을 뜻합니다. 우리가 침묵에 빠졌을 때, 더는 응답할 수 없을 때, 앞으로 나아갈 자유를 잃었을 때, 하느님의 말씀은 우리를 다시 찾아오셔서 새롭게 살리십니다(2고린 5:17). 이것이 정확히 어떻게 이루어질지 우리는 상상할 수 없습니다. 부활은 지금 우리의 삶이 이 세계와는 조금 다른 공간에서 연장되는 것이 아니라 새로운 세계에서 살게 되는 것이기 때문입니다. 우리가 알 수 있는 것은 하느님께서는 이 세계에서 살며, 보고, 활동하셨던 것을 머금고 계시며 이와 더불어 앞선 모든 것과의 관계, 곧 영과 육의 관계를 새로이 하신다는 것입니다.

이렇게 하느님께서는 죽음을 굴복시키십니다. 부활은 죽음을 굴복시키는 유일한 길이자 우리가 이를 분명하게 알 수 있는 유일한 길입니다. 역사 속에서, 하느님께서는 예수의 생명을 보고 만질 수 있도록 새로이 창조하셨기에 우리는 늘 그러했던 모습의 예수로 그분을 받아들일 수 있습니다. 그러나 동시에 그분은 우리가 그 온전함을 다 파악할 수 없는 방식으로 변화되었습니다. 죽음은 예수를 가장 악랄하게 괴롭히도록 허락받았습니다. 그분은 육체적인 고통을 겪고 죽음을 맞이했을 뿐 아니라, 죽음을 향해 나아가는 동안 두려움과 외로움이라는 고통도 겪어야 했습니다. 그분은 모든 것을 내려놓았습니다. 하느님께서 개입하셔서 죽음을 피하게 하시리라는 희망조차 내려놓았습니다. 그렇게, 그분은 지옥으로 내려갔다가 창조주 아버지의 부름을 받아 다시 건져 올려집니다. 그 모든 과정에서 그분은 죽음과 고통스러운 전투, 투쟁을 벌이셨습니다(고통agony의 뿌리가 되는 그리스어 아곤ἀγών은 본래 투쟁을 뜻합니다). 그리고 그분은 승리하셨습니다. 이 승리는 관계의 역전을 뜻하지 않습니다. 지난 일을 모두 무로 만드는 것도 아닙니다. 부활의 승리는 다시 살아난 삶, 새로운 시대의 시작을 뜻합니다.

오늘날 이 모든 것을 선포하면 그리스도인으로서 우리는 두 가지 다른 종류의 망상에 부딪치게 됩니다. 우선 우리는 죽음에 관해 생각하기를 고통스러워하고 어떻게든 해소하고자 하는 문화와 마주합니다. 현대 문화는 개인의 불안과 소유욕을 끊임없이 자극합니다. 그리고 언젠가는 죽음에 이르기에 사라질 수밖에 없는 안전을 지키기 위해 수단과 방법을 가리지 않게 합니다. 사회나 국가도 마찬가지입니다. 앞서 본 것처럼 내면이 죽었음을 보여주는 반복 속에서 아무런 반응과 변화도 없이 같은 상태로 세계의 것들을 움켜쥐려 몸부림치는 개인이든, 이 세계가 자신들의 욕구를 만족시키기에 충분할 것이라(충분한 석유, 충분한 권력, 충분한 영토) 언제나 가정하고 탐욕을 부리는 사회든 똑같은 망상이 작동하고 있습니다. 바로 우리는 결코 죽지 않으리라는 망상 말이지요. 개인적인 차원에서 우리는 우리가 노력해 얻은 것들에 끝이 있음을 관조하지 못하며, 문화적인 차원에서 우리는 이 문명이 다른 모든 문명이 그러했듯 무너지리라고, 우리가 당연하게 여기고 있는 안락과 사치가 무한히 지속될 수는 없으리라고 상상하지 못합니다. 이 모든 것에 대해 교회는 엄숙하게 말합니다.

    속지 마십시오. 밤이 저물 것입니다.

물론, 이렇게만 말한다면 우리는 별다른 도움을 받지 못할 수도 있습니다. 저 말은 얼핏 존 메이너드 케인스John Maynard Keynes의 말, '길게 보면, 우리는 다 죽는다'처럼 들리니 말이지요. 이를 좋은 부활절 메시지라 할 수는 없을 것입니다. 그러므로 교회는 말합니다.

> 우리는 죽습니다. 우리에게는 선택지가 없습니다. 우리는 우리가 붙들려는 모든 것을 내려놓아야 합니다. 그러나 하느님께서는 여전히 살아계십니다. 죽음은 그분의 흔들리지 않는 사랑을 훼손할 수 없습니다. 그분께서는 우리가 하는 모든 일, 우리가 마음을 쏟는 모든 문제를 중시하십니다. 그분이, 그분만이 자유로이 우리를 새롭게 빚어내실 수 있으며 모든 재앙의 건너편에서 세계를 다시 세우실 수 있습니다.

그리스도인은 죽음은 끝이 아니라고 말할 수 없습니다. 중요한 측면에서 죽음은 끝입니다. 신앙의 백성으로서 우리는 날마다 이기적인 본능, 통제하려는 마음, 탐욕을 부추기는 습관을 버리려 애쓰면서 죽음을 준비해야 합니다. 그렇게 할 때 우리의 헐벗은 영혼은 창조하시는 하느님과 얼굴과 얼굴을 맞대고 머물러 있을 수 있습니다. 우리가 신뢰함으로 예수의 선포를 받아들일 준비가 되어 있다면 우리는 하느님께 새로운 여정을 시작할 용기를 구할 수 있습니다. 우리는 살아남기를 희망하는 것이 아니라 새로이 창조되기를 희망해야 합니다. 하느님은 하느님이시며 당신을 예수 그리스도 안에서, 그리스도를 통해 드러낸 분이시기 때문입니다.

이 사회에서, 모든 인간 사회에서 교회가 결정적인 중요성을 갖는 이유는 두 가지 측면에서 도전을 던지기 때문입니다. 먼저 교회는 인간의 반항에 도전해 죽음을 받아들이게 합니다. 또한 교회는 희망 없는 죽음, 모든 의미를 무로 만드는 것으로서의 죽음을 받아들이려는 인간의 모든 나약함에 도전합니다. 죽음은 현실입니다. 그러나 죽음은 패배합니다. 우리는 모두 죽습니다. 이는 우리 인간이 누구이며 무엇인지를 가늠할 수 있게 해주는 기초입니다. 그러나 동시에 우리는 하느님의 부르심을 받기 위해, 하늘과 땅의 그 어떤 힘으로도 재갈 물릴 수 없는 부르심을 받기 위해 창조된 피조물입니다. 이러한 확신은 인간의 존엄성과 권리를 말할 수 있는 근간이며 부활을 향한 희망의 정수입니다. 복음은 우리의 한계와 하느님 안에서 우리가 품는 영원한 희망을 모두 역설함으로써 성숙한 인간의 삶을 위해 필요한 현실감각을 제공해주며 죽을 수밖에 없는 우리의 운명에 담긴 영광을 감지하는 능력을 지켜줍니다. 복음에는 하느님의 손길이 아로새겨져 있기 때문입니다. 다시 한번, 죽음은 현실입니다. 그러나 죽음은 패배합니다. 이러한 기초 위에서 우리는 외쳐야 합니다. 세상을 향해 전할 말이 있다고. 우리 인간의 구석구석, 모든 측면을 새롭게 할 말씀이 있다고.

이제 여러분은 그리스도와 함께 다시 살아났으니 천상의 것들을 추구하십시오. 거기에서 그리스도는 하느님의 오른편에 앉아 계십니다. 여러분은 지상에 있는 것들에 마음을 두지 말고 천상에 있는 것들에 마음을 두십시오. 여러분이 이 세상에서는 이미 죽었기 때문입니다. 여러분의 참 생명은 그리스도와 함께 하느님 안에 있어서 보이지 않습니다. 여러분의 생명이신 그리스도가 나타나실 때에 여러분도 그분과 함께 영광 속에 나타나게 될 것입니다. (골로 3:1~4)

예수께서 사마리아 지방의 시카르라는 동네에 이르셨다. 이 동네는 옛날에 야곱이 아들 요셉에게 준 땅에서 가까운 곳인데 거기에는 야곱의 우물이 있었다. 먼 길에 지치신 예수께서는 그 우물가에 가 앉으셨다. 때는 이미 정오에 가까웠다.

마침 그 때에 한 사마리아 여자가 물을 길으러 나왔다. 예수께서 그를 보시고 물을 좀 달라고 청하셨다. 제자들은 먹을 것을 사러 시내에 들어가고 없었다. 사마리아 여자는 예수께 "당신은 유다인이고 저는 사마리아 여자인데 어떻게 저더러 물을 달라고 하십니까?" 하고 말하였다. 유다인들과 사마리아인들은 서로 상종하는 일이 없었던 것이다. 예수께서는 그 여자에게 "하느님께서 주시는 선물이 무엇인지, 또 너에게 물을 청하는 내가 누구인지 알았더라면 오히려 네가 나에게 청했을 것이다. 그러면 내가 너에게 샘솟는 물을 주었을 것이다" 하고 대답하시자 그 여자는 "선생님, 우물이 이렇게 깊은데다 선생님께서는 두레박도 없으시면서 어디서 그 샘솟는 물을 떠다 주시겠다는 말씀입니까? 이 우물물은 우리 조상 야곱이 마셨고 그 자손들과 가축까지도 마셨습니다. 선생님께서는 이러한 우물을 우리에게 주신 야곱보다 더 훌륭하시다는 말씀입니까?" 하고 물었다. 예수께서는 "이 우물물을 마시는 사람은 다시 목마르겠지만 내가 주는 물을 마시는 사람은 영원히 목마르지 않을 것이다. 내가 주는 물은 그 사람 속에서 샘물처럼 솟아올라 영원히 살게 할 것이다" 하셨다. (요한 4:5~14)

08

숨겨진 영광의 씨앗

예수께서는 "정말 잘 들어두어라. 너희가 지금 나를 찾아온 것은 내 기적의 뜻을 깨달았기 때문이 아니라 빵을 배불리 먹었기 때문이다. 썩어 없어질 양식을 얻으려고 힘쓰지 말고 영원히 살게 하며 없어지지 않을 양식을 얻도록 힘써라. 이 양식은 사람의 아들이 너희에게 주려는 것이다. 하느님 아버지께서 사람의 아들에게 그 권능을 주셨기 때문이다." 하고 말씀하셨다. 사람들은 이 말씀을 듣고 "하느님의 일을 위해서 우리는 무엇을 해야 합니까?" 하고 물었다. 예수께서는 "하느님께서 보내신 이를 믿는 것이 곧 하느님의 일을 하는 것이다" 하고 대답하셨다. (요한 6:26~29)

때로 사람들은 묻습니다. "하느님이 존재하는 것을 압니까?", "그리스도교 신앙이 진리라는 것을 어떻게 아나요?" 이런 질문을 받았을 때 떠오르는 두 가지 답변이 있습니다. 둘 다 그럴싸하지요. 하나는 이리저리 고민하는 척하면서 변명하듯 말하는 것입니다. "물론 확실하게 안다고 말할 수는 없습니다. 그것은 저에게 진리이긴 합니다만, 뭐, 제가 틀릴 수도 있죠." 다른 하나는 듣는 이를 만족시키기 위해 자신감 있는 태도로 저 모든 것을 확실하게 입증할 수 있다고 말하는 것입니다. "철학적으로 논증하자면 이렇게 할 수 있을 겁니다.", "여기에 이런 역사적 증거가 있습니다." 그러나, 둘 다 잘못된 길입니다. 무엇이 문제일까요?

첫 번째 대답이 잘못인 것은 신앙을 일종의 의견으로 축소하고 대답해야 할 것의 규모를 순전히 개인의 판단과 선호의 차원으로 오그라뜨리기 때문입니다. 두 번째 대답이 잘못인 것은 물음뿐만 아니라 답 또한 비인격적인 것으로 만들어버림으로써 우리 자신으로 하여금 문제로부터 거리를 두게 한다는 것입니다. 이렇게 되면 어떤 논증이나 증거도 나 자신이든 다른 누구이든 이와 관련해 할 수 있는 일과 아무 상관이 없는 것이 되고 맙니다. 이때 참은 브리튼섬에서 가장 높은 산이 벤네비스산이라는 말이 참인 것과 같은 정도의 참일 뿐입니다. 이 경우 사람들은 그 답을 듣고선 "음, 그렇군요"라고 말할지 모릅니다. 하지만 그 답에 고개를 숙이거나 무릎을 꿇지는 않을 것입니다.

성 바울로는 예수의 부활 이야기가 과거에 일어난 사건이 아닌, 우리가 누구인지, 또 어디에 있는지와 관련해 결정적인 무언가를 말하는 이야기임을 분명히 합니다. 바울로는 예수의 부활이 어떤 환상이나 희망 사항이 아니라 실제로 무덤이 비게 된 사건이라고 말하고, 정말로 그렇게 생각합니다. 이때 바울로에게 다른 의도란 없습니다. 그런데 그가 부활을 가르치며 전하는 핵심은 우리를 그보다 훨씬 더 먼 곳으로 이끌어 갑니다. 그에 따르면 이 사건, 빈 무덤 사건은 무언가를 일으켰으며 (모든 그리스도인이 그렇듯) 골로사이에 있던 그리스도인들을 새로운 세계로 이끌었습니다. 그들은 새로운 대기大氣에 둘러싸이게 되었고 새로운 생각을 하게 되었습니다. 이 새로운 대기 아래, 하느님과 우리 사이에 세워둔 높은 장벽은 산산이 부서집니다. 우리의 옛 자아는 죽음을 맞이합니다. 물론 그렇다 해도 우리는 다시금 장벽을 쌓아 올리려 할지 모릅니다. 그러나 이미 일어났던 그 사건은 새로운 미래를 열어젖힙니다. 우리의 이기적이고 파괴적인 행동과 반응은 예수께서 십자가에서 보여주신 사랑으로 다시, 또다시 해결됩니다. 우리는 이 사랑에 압도당합니다. 예수의 죽음과 부활 때문에 우리의 부활이 시작되었습니다. 우리의 하늘 시민권이 시작되었습니다. 우리 안에 있는, 숨겨진 영광의 씨앗이 서서히 그 충만함에 이르려 합니다.

부활은 시작되었습니다. 그렇다면 우리는 이를 어떻게 알까요? 우리가 안다면 그건 어떤 해답을 얻어서가 아닙니다. 근거가 충분한 견해로 받아들여서도 아닙니다. 그런 생각이 우리와 잘 어울린다고 판단해서도 아닙니다. 이와 관련된 논증들을 모두 이해해서도 아닙니다. 다만 우리를 둘러싼 무언가가 바뀌었음을 어렴풋이 감지했을 뿐입니다. 골로사이, 고린토 등에 있던 사람들이 바울로를 따라 그리스도교 신앙을 갖게 된 것도 마찬가지입니다. 스스로 말했듯 바울로는 탁월한 연설가가 아니었고 카리스마 있는 교사도 아니었습니다. 그러나 바울로가 그들을 찾았을 때 그들은 어떤 반향이, 어떤 변화가 일어나고 있음을 감지했습니다. 바울로는 세계가 바뀌었음을 통감했고 이를 따라 자신을 둘러싼 세계를 바꾸었습니다. 바울로를 좇아 그리스도교 신앙을 갖게 된 이들은 그를 신뢰했습니다. 그들은 모든 조롱과 괴롭힘을 감내할 준비가 되어 있었습니다. 그리고 실제로 그들은 그보다 더한 것도 견뎌냈습니다. 그들은 말했습니다.

> 우리는 바울로가 말하는 것, 그가 보는 것을 통해 우리가 반드시 해야 할 긴급한 일이 있음을 감지합니다. 그에게 그것은 너무나 생생한 현실입니다. 그가 무엇을 믿든 이것은 전에 없던 새로운 수준의 삶입니다.

이러한 면에서 제가 앞서 언급했던 신앙에 대한 두 가지 변론은 충분하지 않습니다. 신앙은 "이것은 제가 한번 시도해보기로 한 매력적인 이론입니다. 하지만 제가 틀릴 수도 있습니다"라고 말할 수 있는 류가 아닙니다. 그렇다고 해서 신앙은 지금 모두를 설득할 수 있는 강력한 논증도 아닙니다. 그리스도교 신앙은 우리에게 무언가를 강요합니다. 이에 우리는 고백합니다.

저는 저도 모르게 이 생명과 자유에 관한 약속에 빨려들어 갔습니다. 이는 제가 내세우는 의견이 아닙니다. 저는 이를 모든 사람이 "아, 그래요. 정말 확실하군요"라고 말할 수 있게끔 정돈된 말로 표현할 수 없음을 압니다.

많은 사람에게 신앙과 관련한 가장 뜨거운 질문은 그리스도교의 가르침을 믿을 수 있느냐는 것이 아니라 그리스도교의 가르침, 그리스도교의 복음대로 살 수 있느냐는 것입니다. "하늘에서와" 같이 이 땅에서 살아가는 삶이, 이기적인 마음이 허물어진 삶이 가능할까요? 사람들을 비참하게 만드는, 서로를 두려워하고 서로를 향해 분노를 표출하려는 충동, 불만과 상처에 매달리려는 충동에서 회복될 수 있다는 믿음 아래 살 수 있을까요? 영화 「천국에서의 5분간」Five Minutes in Heaven은 총으로 사람을 죽인 테러범이 살해당한 사람의 남동생과 만났을 때 관념이 아닌 진정한 의미에서의 화해를 이루는 데 필요한 것이 무엇인지를 고통스럽고도 섬세하게 묘사합니다. 테러범과 살해당한 이의 남동생, 둘은 모두 과거에 짓눌려 있습니다. 테러범은 이제 화해라는 주제를 능숙하게 이야기하는 인기 강사가 되었음에도 과거에 일어난 일로 인해 자기 혐오에서 헤어나지 못합니다. 열 살 때 형이 총에 맞아 죽는 모습을 눈앞에서 본 그 동생도 정신적 외상을 입어 고통받고 있습니다. 게다가 그는 사회가 그 사건을 하나의 일화로 여기며 살인자를 '용서'한 사실에 분노를 주체하지 못합니다. 마침내 둘은 만나고 금방이라도 사람을 죽일 것만 같은 폭력이 터져 나옵니다. 그러나 이내 무언가 해소되고 새로운 미래가 열립니다.

천국에서의 5분, 의심할 여지 없이 진정한 화해가 가능하다면 그것은 이 비극적인 세계의 통념, 이 비극적인 세계가 기대하는 바와는 전혀 다른 5분간의 시간일 것입니다. 의심할 여지 없이 참된 화해를 이루기 위해서는 우리가 상상할 수 있는 것 이상의 가장 커다란 고통이 따를 것입니다. 영화는 이를 위해 우리가 무엇을 할 수 있는지를 제시하지 않습니다. 하지만 대담하게 주장합니다. '천국'은 환상이 아니라고 말이지요. 누가 이렇게 살 수 있을까요? 아마도, 화해를 이룬다는 것은 끝없이 이어지는, 지겹도록 앙갚음을 주고받는 굴레에서 벗어나 어딘가를 향해 지난하게 나아가는 것이겠지요. 이에 관해 바울로는 인상적인 이미지를 들어 이야기합니다. 그에 따르면 이에 뿌리를 내린 또 다른 세계가 있습니다. 그 다른 세계는 몇몇 개인에게 찾아오는 우연한 경험을 통해서만 나타나지 않습니다. 그 세계는 죄가 해결되었다고, '자기'의 감옥이 부서졌다고 하느님께서 선언하심으로써 우리 모두에게 그 모습을 드러냅니다. 불가능한 일이 가능하게 되었습니다. 우리의 생명은 하느님 안에 계신 그리스도와 함께 감추어져 있습니다. 그러나 저 심연으로부터 새로운 생명이 우리 안에 찾아와 열립니다. 이를 말할 수 있는 유일한 방법은 그 생명을 삶으로 드러내는 것입니다.

화해와 용서, 해방을 끝없이 말해도, 끝없이 설교해도 아무 소용이 없습니다. 이와 관련해서는 어떠한 논증도 설득력이 없습니다. 오직

이를 현실로 살아낼 때만 우리는 누군가를 변화시킬 수 있습니다. 다르소 출신인 바울이 그리스도 공동체에 합류했을 때 그는 선의를 담아 그들의 신앙이 무엇인지 묻는 사람이 아니었습니다. 오늘날로 치면 그는 총으로 사람을 죽인 근본주의 테러리스트와 같은 사람이었습니다. 그는 그리스도교 종파에 속한 이들을 납치해 감금하는 데 몰두하던 사병대를 지휘했습니다. 그를 잘 이해하려면 오늘날 베이루트나 바그다드 뒷골목에 있는 사람들을 떠올려 보면 됩니다. 그런 그가, 그가 입을 틀어막고 죽이려 했던 이들에게 갑니다. 무방비 상태로, 아무런 대책도 없이 그는 그의 '천국'을 찾기 위해 나아갑니다. 누가 이렇게 살 수 있을까요? 골로사이나 고린토, 필립비 사람들이 이 물음을 던졌다면 적어도 바울로는 "예"라고, "예, 제가 그렇게 살았습니다"라고, 혹은 "저를 통해, 그리고 저의 희생자들이었던 이들을 통해 생명이 그렇게 살았습니다"라고 답할 수 있었을 것입니다. 이러한 맥락에서 그가 자신이 쓴 편지들에서 빈번하게 자기 과거를 되돌아본다는 것은 그리 놀라운 일이 아닙니다. 고린토인들에게 보낸 두 번째 편지에서 그는 다른 것은 몰라도 자신의 안위를 보살피거나 권력을 탐하기 위해 일을 하는 것이 아니라며 분노어린 말투로 항변합니다. 이런 그를 고린토인들은 왜 신뢰해야 합니까? 그들 곁에는 더 매력적인 선생들이 있는데 말이지요. 그 이유는 그가 예수가 가능케 한 화해를 가장 지독하게, 고통을 견디며 현실로 살아냈기 때문입니다. 그는 자신의 모든 경력을 내려놓았습니다. 과거 그를 이루었던 모든 정체성을 버렸습니다. 매일 매일 자신의 삶을 위험으로 내몰았습니다. 고린토인들은 그가 그저 의견이나 논증을 제시하는 것이 아님을 확신할 수 있었습니다.

  이 모든 것은 우리에게 무엇을 말해줍니까? 어떻게 보면 지겨우리만치 많이 들었던 이야기입니다. 우리가 우리의 신앙을 인정받고자 한다면 우리는 차이를 드러내야 합니다. 사람들이 새로운 세계를 볼 수 있게 해야 합니다. 물론 초대 교회 시기의 저술가들은 신앙을 변론하기 위해 다양하고도 복잡한 논증들을 제시했습니다. 하지만 동시에 그들은 말했습니다.

> 우리를 보십시오. 우리는 용서하는 삶을 살고자 애쓰고 있습니다. 우리는 국가 권력에, 우리에게 폭력을 행사하는 집단에 죽임을 당하더라도 앙갚음하려 하지 않습니다. 우리는 모든 사람을 소중하게 여깁니다. 여러분이 하찮게 여기는 사람들까지 말입니다. 우리는 사적인 영역에서나 공적인 영역에서나 평화를 이루고 신실하기 위해 애씁니다. 성性과 관련된 삶에서도 신실함을 지키며 자기 자신을 통제하기 위해 애씁니다(이는 오늘날만큼이나 로마 제국 말기에도 커다란 도전이었습니다). 이 모든 것은 여러분에게, 지극히 '평범한 인간의 행동'이라고 불리는 것의 피해자들인 여러분을 치유해주는 다른 삶의 방식이 가능함을 보여주지 않습니까?

  초기 그리스도교인들은 순교자들이야말로 이러한 삶의 전범이라고 말할 수 있었습니다. 그뿐만 아니라 그들은 최초의 수도 공동체에서 금욕하는 삶, 가난한 삶, 더불어 사는 삶을 매일의 규율로 삼아 천국의 삶을 살아내려 자유로이 결단한 이들 또한 그와 같다고 말할 수 있었습니다. 이들은 내면 가장 깊은 곳에 도사리고 있는 실패와 공포, 그 안에 단단히 자리 잡고 있는 그들 자신과 타인의 어려움을 찾아내려 했습니다. 그들은 도망치지 않았습니다. 그들은 하느님의 활동이 공동체의 삶을 통해 자신들을 조금씩 치유하게 했습니다. 오늘날에도 사람들은 이러한 삶에 매료됩니다. 텔레비전 방송 시리즈「수도원」은 이를 입증했습니다. 사람들은 수도사들의 삶을 보며 한편으로는 농담을 하면서도 다른 한편으로는 양심에 찔림을 느끼며 존경심을 갖습니다.

   여기에 오늘날 교회를 향한 진짜 질문이 있습니다. 그 어느 때보다 더 많은 사람이 수도원 생활이 약속하는 삶을 동경합니다. 상호 인내의 지혜를 구하고 함께하는 침묵과 기도를 추구하며 삶의 성숙을 이루기를 갈망합니다. 그러나 이러한 삶을 살아가고 있는 수도 공동체에 대한 소개는 매우 부족하며 관상의 길을 걸어가는 이들에 대한 인식은 변변치 않습니다. 오늘날 교회는 이러한 삶을 철저하게, 그리고 새로이 긍정하고 교회와 이 세계에 이러한 삶이 주는 선물을 제대로 평가해야 합니다. 더 많은 이가 이러한 삶에 소명 의식을 갖기를 기도해야 합니다. 나이를 가리지 않고 더 많은 사람이 이러한 삶을 추구해 나가기를 독려해야 합니다. 신앙이 어떠한 차이를 만들어내는지를, 그리고 부활한 삶이 어떠한지를 세상에 보여주기 위해 많은 대가를 치러야 합니다. 또한 그러한 삶을 서약할 수 있도록 용기를 불어넣어야 합니다.

지금이 바로 그때입니다. 최근 일어난 금융 위기는 인간의 자기실현이 경제적으로 부유하고 많은 재화를 소유하는 것에 있다는 생각에 치명타를 날렸습니다. 물욕, 성욕, 선택의 자유를 자발적으로 제한하는 것은 어리석은 행동이 아닙니다. 이를 받아들임으로써 우리는 참된 안정과 상호 돌봄을 향해 나아갈 수 있습니다. 우리는 우리 자신에게 도전해야 합니다. 교회는 이러한 삶을 증언하는 이들이 더 풍성해지고 자신의 길을 잘 걸어갈 수 있도록 도와야 합니다.

물론, 부활을 증언하는 형태는 다양합니다. 그리고 가장 중요한 것은 하느님께서 우리 모두를 부르신다는 것입니다. 사람들이 "그것을 당신은 어떻게 알고 있습니까?"라고 물을 때 우리는 그들이 진실로 무엇을 요구하고 있는지 경청해야 합니다. 그리고 이 요구 앞에, 부활에 대한 성서의 증언과 완전히 일치하는 답, 유일하게 온전한 답은 이것입니다.

여기, 당신을 위한 양식이 있습니다.

"정말 잘 들어두어라. 만일 너희가 사람의 아들의 살과 피를 먹고 마시지 않으면 너희 안에 생명을 간직하지 못할 것이다. 그러나 내 살을 먹고 내 피를 마시는 사람은 영원한 생명을 누릴 것이며 내가 마지막 날에 그를 살릴 것이다. 내 살은 참된 양식이며 내 피는 참된 음료이기 때문이다.

내 살을 먹고 내 피를 마시는 사람은 내 안에서 살고 나도 그 안에서 산다. 살아 계신 아버지께서 나를 보내셨고 내가 아버지의 힘으로 사는 것과 같이 나를 먹는 사람도 나의 힘으로 살 것이다. 이것이 바로 하늘에서 내려온 빵이다. 이 빵은 너희의 조상들이 먹고도 결국 죽어간 그런 빵이 아니다. 이 빵을 먹는 사람은 영원히 살 것이다." (요한 6:53~58)

나에게는 우리 주 예수 그리스도의 십자가밖에는 아무것도 자랑할 것이 없습니다. 그리스도께서 십자가에 못박히심으로써 세상은 나에 대해서 죽었고 나는 세상에 대해서 죽었습니다. 할례를 받고 안 받는 것이 문제가 아니라 새로운 사람이 되는 것이 중요합니다. 이 법칙을 따라서 사는 사람들에게, 그리고 하느님의 백성 이스라엘에게 평화와 자비가 있기를 빕니다.(갈라 6:14~16)

09

생명의 신호를 보이라

하느님께서 자기를 산 이들과 죽은 이들의 심판자로 정하셨다. (사도 10:42)

얼마 전 전문직에 종사하는 이가 공공장소에서 십자가 목걸이를 착용할 권리를 두고 법정 다툼을 벌이고 있다는 기사를 읽었습니다. 깊은 한숨이 나오게 하는 일이 또다시 일어났습니다. 누군가가 보기에는 사소할지 모르겠습니다만, 적지 않은 그리스도교인이 그리스도교를 차별하는, 그들의 신앙을 공공 영역에서 눈에 보이지 않게 하고 무기력하게 만들려는 시도가 계속 일어나고 있다는 점을 심각하게 받아들입니다. 오늘날 사회에는 그리스도교인들의 신념을 괴롭힐 가치조차 없는 하찮은 것으로 간주하면서도 동시에 그리스도교인들이 그들의 신념을 드러내는 것은 너무나 위험하다고 생각하는 이상한 믿음이 만연합니다.

　이처럼 어리석은 생각은 공공 영역에서 그리스도교 신앙을 드러내는 것이 그리스도교인 아닌 이들의 감정을 상하게 할 수 있다는, (다른 많은 문제가 그러하듯) 좋은 의도와 부적절한 불안이 꼬이고 엉켜서 만들어진 우둔한 관료주의의 결과라기보다는, 작은 규모로나마 깊은 반그리스도교적 감정이 표출되고 있음을 보여주는 신호일 확률이 더 높습니다. 그러나 법정에서 다툼이 일어나는 동안, 그리고 종교적 자유의 정확한 범위가 인권법의 관점에서 논의되고 있는 동안, 우리는 한두 걸음 물러나 좀 더 큰 그림을 생각해봐야 합니다.

　적어도 이 나라에서는 단지 그리스도교인이라는 이유만으로 생명의 위기를 느끼거나 자유를 박탈당하지는 않습니다. 이 나라에서 종교의 자유 문제가 과열 양상을 띨 때마다 우리는 이 세계 많은 곳에서는 실질적인 박해가 일어나고 있음을, 그리스도교인들이 너무나 아무렇지도 않게 무자비하게 살해당하며, 불의에 저항한다는 이유로 감옥에 갇히거나 조롱을 당하고 있음을 기억해야 합니다. 나이지리아와 이라크에 있는 우리의 형제자매들, 또다시 내전이 발발할까 봐 두려움에 떨고 있는 남수단 그리스도교 공동체들, 2,000년을 생존해 왔으나 이제 절멸 위기에 직면해 있는 성지의 그리스도교인들을 잊지 마십시오. 또한 짐바브웨에 있는 성공회 동료들을 잊지 마십시오. 언젠가 이야기했듯 그들은 치안 부대의 계속된 공격에 시달리고 있으며 교회에

감금되어 있습니다. 우리가 이러한 상황에 있지 않음에 하느님께 감사 드려야겠습니다만, 더 넓은 시야를 가지고 더욱더 기도하며 위기에 처한 형제자매들을 구체적으로 도와야겠습니다.

어쨌거나 우리에게는 분명히 어려움과 문제가 있습니다. 그리고 우리는 이에 대해 깊이 생각해 보아야 합니다. 왜 사람들은 한편으로는 그리스도교를 경멸하고 한편으로는 그리스도교에 불안을 느낄까요? 왜 이렇게 모순적인 생각이 뒤엉켜 그리스도교 신앙을 공격할까요? 최근 몇 년 동안 세간의 이목을 끌며 그리스도교를 향해 공격을 퍼부은 저작들을 생각해보면 여러분은 의아해할 수도 있습니다. 그들 말대로 정말 그리스도교가 시들어가고 있다면 왜 그들은 그토록 이 종교를 향해 맹렬히 덤벼드는 것일까요?

어떤 이들은 그리스도교가 객관적인 수치를 넘어 여전히 이 사회에서, 그리고 윤리 영역에서 영향력을 갖고 있기 때문이라고 말합니다(그러면서 그리스도교가 사회운동이라고 말합니다). 그들은 교회를 사회에 도무지 이해할 수 없는 기준을 끊임없이 내세우려 하는, 그러나 대다수의 지지를 받지 못하는, 시대에 역행하는 세력으로 바라봅니다.

그러나 이러한 견해는 석연치 않습니다. 오늘날 많은 윤리 문제와 관련해 그리스도교 교회는 여전히 한 나라의 상당수(여기에는 다른 종교를 가진 사람, 비슷한 문제의식을 공유하는 이들이 포함됩니다)를 위해 말합니다. 안락사의 정당성과 같은 논쟁적인 사안에 대해 그리스도교적 관점에서 제시하는 견해는 소수 종교 집단의 견해와는 거리가 멉니다. 그리고 논쟁은 여전히 활기차게 벌어지고 있습니다. 좀 더 중요한 점은 그리스도교적 관점이 공적 토론과 의사 결정에 일정한 위상을 차지해야 한다고 믿는 이들(지난 18개월간 재무 영역과 공적 영역에서의 가치중립적인 분위기가 이 사회를 훨씬 더 병들게 하고 상처 입히고 있음을 깨달음으로써 이 믿음은 더 강화되었습니다)이 상당히 많다는 것입니다. 지역 사회에서 교회는 다른 누구도 떠맡을 준비가 되어 있지 않은 문제들을 쉬지 않고 다루며 이를 해결하기 위해 온갖 노력을 기울이고 있습니다. 교회가 이러한 기여를 하고 있다는 사실을 오늘날 대다수의 사람은 잘 모릅니다. 저는 클리소프스에 있는 한 지역 교회가 몇 주 전에 한 일을 기억합니다. 그곳에서는 사회적 박탈감이 높은 지역에서 학교에서 쫓겨난 청소년들을 지원하는 활동을 벌였으며 이를 위한 조직을 꾸렸습니다. 아무런 종교도 갖고 있지 않은 사람들, 혹은 반종교 집단이 이 정도 수준으로 자발적으로 사회를 섬기는 활동을 벌이고 있으며 이를 드러내는 많은 표징이 있다면 저는 세속주의자들이 그리스도교, 혹은 교회를 향해 가하는 공격에 대해 좀 더 진지하게 고려해볼 것입니다.

물론 세속사회에는 그리스도교 신앙을 가진 사람들에게 의혹의 눈길을 보내며 그들이 교회가 모든 사람의 운명을 결정하던 시절, 교회를 향해 무언가가 도전하면 무미건조하게 초자연적 권위에 호소하던 시절로 시계를 거꾸로 돌리고 싶어 할 것이라 넘겨짚는 이들이 있습니다. 그리스도교를 향한 그런 식의 두려움이라면 어느 정도 이해할 수 있습니다. 하지만 과거 스페인이 했던 식의 종교 재판이 되살아나기를 바라지 않는 것은 그리스도교인도 마찬가지입니다. 그리스도교가 아니더라도 종교의 역사를 살펴보면 우려할 만한 부분들이 있습니다. 오늘날에도 우리가 할 수 있는 한 단호하게 맞서야 하는 종교적인 가르침이 있습니다. 이를테면 탈레반 같은 집단 말이지요. 이러한 것들이야말로 종교의 폭압 행위라는 것을, 제가 앞서 언급한 활동에 찾아와 들여다보기만 해도 분명히 알 수 있을 것입니다. 교회를 강경하게 비판하는 이들이 이러한 활동에 찾아오기만 한다면 저는 기쁜 마음으로 그들을 환대할 것입니다.

지금까지 언급한 것과는 또 다른 차원에서, 사람들이 복음과 십자가를 두려워하는 이유는 또 다른 무언가가 작용하기 때문이라고 신약성서는 말합니다.

베드로는 이렇게 말을 시작하였다. "나는 하느님께서 사람을 차별대우하지 않으시고 당신을 두려워하며 올바르게 사는 사람이면 어느 나라 사람이든지 다 받아주신다는 사실을 깨달았습니다. 하느님께서는 이스라엘 백성에게 당신의 말씀을 전해 주셨는데 그것은 만민의 주 예수 그리스도를 시켜 선포하신 평화의 복음입니다. 이것은 여러분도 알다시피 요한이 세례를 선포한 이래 갈릴래아에서 비롯하여 온 유다 지방에 걸쳐서 일어났던 나자렛 예수에 관한 일들입니다. 하느님께서는 그분에게 성령과 능력을 부어주시고 그분과 함께 계셨습니다. 그래서 그분은 두루 다니시며 좋은 일을 해주시고 악마에게 짓눌린 사람들을 모두 고쳐주셨습니다. 우리는 예수께서 유다 지방과 예루살렘에서 행하신 모든 일을 목격한 사람입니다. 사람들이 그분을 십자가에 달아 죽였지만 하느님께서는 그분을 사흘 만에 다시 살리시고 우리에게 나타나게 하셨습니다. 그분은 모든 사람에게 나타나신 것이 아니라 하느님께서 증인으로 미리 택하신 우리에게 나타나셨습니다. 그분이 죽었다가 다시 살아나신 뒤에 우리는 그분과 함께 먹기도 하고 마시기도 하였습니다. 그분은 우리에게 하느님께서 자기를 산 이들과 죽은 이들의 심판자로 정하셨다는 것을 사람들에게 선포하고 증언하라고 분부하셨습니다. 모든 예언자들도 이 예수를 믿는 사람은 누구든지 그분의 이름으로 죄를 용서받을 수 있다고 증언하였습니다.

(사도 10:34~43)

성 베드로는 예수의 부활을 이야기하며 당시의 종교, 정치 기득권층이 말살하려 한 사람, 모든 사람의 기억에서 사라지게 하려 노력한 그 사람이 바로 온 인류의 운명을 결정할 사람이라는 점을 강조합니다. 참 하느님이자 참 인간인 그분은 우리의 무분별한 폭력, 교만과 자기만족, 진리와 마주하기를 꺼리는 습성이 낳은 대가를 짊어지셨습니다. 이 분의 부르심에 응답하느냐, 그렇지 않으냐에 따라 우리 한 사람 한 사람은 심판받을 것입니다. 모든 인간이 행한 모든 일에 대한 최종 항소심은 그리스도입니다. 그분과의 관계에서 우리가 우리 자신을 어떻게 규정할 것이냐는 물음에 우리의 삶과 죽음이 달려 있습니다.

베드로는 사람들에게 바른 말을 할 줄 아는 좋은 단체에 가입하라며 안달복달한 것이 아닙니다. 그는 '그리스도교'라는 친목회의 회원을 모집하러 이곳저곳을 다닌 것이 아닙니다. 복음서에서 예수께서는 우리에게 말씀하십니다. 우리가 그분을 볼 수 없다고, 알 수 없다고 생각하던 곳에서 그분을 만날 수 있으며 반대로 우리가 그분의 말씀에 맞장구를 친다 해도 그분을 보지 못할 수 있다고 말입니다. 언젠가 우리가 모두 하느님과 함께한다면 우리가 누구인지, 우리가 그분을 거스르고 있는지, 따르고 있는지, 우리가 그분과 영원히 함께할 수 있는지, 없는지를 분명하게 알게 될 것입니다. 그리고 그때도 저 거부당하고 고문받아 죽음에 이른 한 사람의 삶과 죽음을 통해 하느님께서 주신 선물을 어떻게 이해하고, 어떻게 받아들이냐는 것은 결정적인 문제가 될 것입니다.

베드로와 바울로의 설교, 그리고 부활한 예수에 관한 증언은 모두 우리에게 두 가지를 요구합니다. 첫 번째, 우리는 십자가가 무엇이며 이것이 무엇을 가리키는지를 알아야 합니다. 즉 아무 죄도 없는 사람이 희생양이 되고 죽임을 당하는 세상, 정도의 차이는 있으나 결국 우리 모두가 속박당한 세상, 우리 자신에 대한 껄끄러운 진실들을 마주하기를 싫어하는 세상에 우리 모두가 휘말려 들어 있음을 눈으로 보고 뼈에 새겨야 합니다. 우리는 우리 자신의 지혜와 능력으로는 인류를 갈등과 비극에 빠뜨리는 불의, 적개심, 두려움, 편견의 실타래를 풀 수 없음을 깨닫고 이를 몸에 아로새겨야 합니다.

두 번째, 우리가 실패했다고 해서 사랑과 정의가 실패하지는 않음을, 곧 예수께서 겪으신 고난과 마주하며 그분의 자비와 생명에 대한 거룩한 약속을 감지하면 하느님께서 당신의 힘과 풍요로움으로 자유를 향한 길을 열어 주심을 신뢰해야 합니다. 예수의 부활은 세상에 사랑, 어떠한 강압도 조작도 없는 순전한 사랑, 그렇기에 파괴되지 않는 사랑의 승리를 이 세상에 드러냅니다. 부활 사건이 우리에게 던지는 가장 큰 도전은 우리가 상상할 수 있는 한 가장 강하게 하느님을 거부한다 해도 그분께서는 패배하지 않으심을 믿는 것입니다.

이것은 기쁜 소식일까요? 분명히 그렇습니다. 하지만 이 기쁜 소식은 쉽게 받아들일 만한 소식, 편안한 소식은 아닙니다. 십자가에 달린 예수에게서 하느님을 감지한다면 우리 삶에는 커다란 변화가 일어날 것입니다. 먼저 하느님에 대한 생각이 바뀌며 인간 세상 어디에서 하느님을 만나야 할지에 대한 생각이 바뀝니다. 복음은 말합니다. 우리가 잊고 가로막아둔 것 가운데에서 하느님을 만나게 되리라고, 예수 시대의 종교, 정치 기득권층에게 그랬듯 우리가 가진 성공과 실패에 대한 관념은 전복되어야 한다고. 또한 복음은 말합니다. 우리의 영원한 미래는 우리가 상처를 준 이들에게 다가가 용서를 구할 수 있는지 없는지에 달려 있다고.

이러한 맥락에서 복음과 십자가가 사람들에게 두려움과 불편함을 일으키고, 그러한 생각들이 공적인 논의, 그 흐름의 일부가 되고 있다는 사실은 그리 놀라운 일이 아닙니다. 그리고 자신을 '그리스도인'이라고 부르는 이들 역시 십자가를 우리를 뒤흔들고, 파괴하고, 다시 만드는 무언가로 보기보다는 그저 하나의 '종교적 상징'으로 여김으로써 자기만족을 은밀히 충족하는 도구로 사용한다는 점 또한 놀라운 일이 아닙니다.

저는 일터에서 십자가 목걸이를 착용하고 동료와 함께 기도하는 사람을 비난하는, 너무나 양심적인 행정 관료가 이 정도까지를 고려한다고는 생각하지 않습니다. 하지만 그를 향해 우리는 이렇게 말할 수 있어야 합니다. "십자가를 보이지 않게 하려는 이유가 그것이 사람들의 안정감을 뒤흔들기 때문이라면 저는 당신을 충분히 이해할 수 있습니다. 하지만 허심탄회하게 이야기해 봅시다. 십자가에서 우리가 본 분이 하느님이며 그 하느님은 끔찍하게 버림받고 죽음에 이르셨음에도 이를 넘어서 여전히 자비와 삶의 변혁, 생명을 약속하시는 분이라면 이러한 분을 공적인 영역에서, 여러 상호작용이 일어나는 사회에서 언급하는 것, 그분을 향한 신뢰를 드러내는 것이 그토록 위협적인 일인가요?"

그리스도교에서 십자가를 가리는 것은 인류의 궁극적인 비극과 패배하지 않는 사랑을 모두 가리는 위험천만한 일입니다. 그러니 옹졸하기 그지없는 관료주의의 공격을 두려워하지 마십시오. 우리가 두려워해야 할 것은 우리 자신과 우리의 신앙, 그리고 이 모든 것을 넉넉히 떠맡으실 수 있는 하느님입니다. 이루 말할 수 없는 인간의 비극적인 현실을 감당치 못하는 사회를 두려워하지 마십시오. 도전을 받으면 안전지대에서 자신을 방어하는 사회를 두려워하지 마십시오. 때로 사회는 자신이 설정해둔 안전지대를 방어하기 위해 극단적인 행동을 벌일 때도 있으며 이는 그리스도인에 대한 잔인한 폭력으로 나타날 때가 많습니다. 30년 전 엘살바도르의 잔인하고 부패한 정부를 두려워하지 않고 꾸짖은 뒤 순교한 오스카 로메로Oscar Romero 대주교를 기억하십시오. 십자가를 드러내는 일이 이처럼 힘겹고 목숨을 거는 것이기도 함을 볼 때, 우리의 상황을 지나치게 과장해서는 안 되겠습니다. 그러나 어떠한 수준에서든 십자가를 거부하는 현실은 일정한 연관이 있습니다. 성 바울로가 말했듯 십자가는 모든 이에게, 자신의 안전이라는 측면에서만 옳고 그름, 삶과 죽음을 따지고 싶은 모든 이에게 불편함과 충격을 일으키기 때문입니다.

이 사회에서 일어나고 있는, 우리를 한숨 쉬게 하는 몇몇 일들을 통해 우리는 왜 우리가 십자가를 말하기를 두려워하는지, 왜 우리가 부활하신 예수께서 하신 말씀("두려워하지 마라!")을 들어야 하는지를 되새겨 봐야 합니다.

그러므로 우리가 골칫거리로 느끼는 이 상황은 실은 왜 우리가 마땅히 십자가의 말씀을 두려워해야 하는지, 그리고 부활하신 예수께서 하신 '두려워하지 마라!'는 말씀에 귀 기울여야 하는지를 설명할 기회입니다. 우리가 있는 이 세계는 우리가 생각하는 것보다 더 심각하게, 더 끔찍하게 망가져 있습니다. 그러나 자기를 희생하는 사랑의 원천은 우리가 생각하는 것보다 훨씬 더 위대합니다. 우리는 십자가에 달린 분과의 관계를 척도로 심판받을 것입니다. 그러나 십자가의 참뜻을 받아들인다면 우리는 심판받음과 동시에 해방되고 용서받을 것입니다.

십자가가 진실로 이를 약속하기에, 우리는 이를 끊임없이, 끈질기게 세상에 드러내야 합니다. 버림받은 이들 가운데 그리스도를 찾는 삶으로, 진실하게 우리 모두의 실패를 진단하는 삶으로, 끊임없이 용서와 희망을 나누는 삶으로.

이 산 위에서 만군의 야훼, 모든 민족에게 잔치를 차려주시리라. 살진 고기를 굽고 술을 잘 익히고 연한 살코기를 볶고 술을 맑게 걸러 잔치를 차려주시리라. 이 산 위에서 모든 백성들의 얼굴을 가리던 너울을 찢으시리라. 모든 민족들을 덮었던 보자기를 찢으시리라.

그리고 죽음을 영원히 없애버리시리라. 야훼, 나의 주께서 모든 사람의 얼굴에서 눈물을 닦아주시고, 당신 백성의 수치를 온 세상에서 벗겨주시리라. 이것은 야훼께서 하신 약속이다.

그 날 이렇게들 말하리라. "이분이 우리 하느님이시다. 구원해 주시리라 믿고 기다리던 우리 하느님이시다. 이분이 야훼시다. 우리가 믿고 기다리던 야훼시다. 기뻐하고 노래하며 즐거워하자. 그가 우리를 구원하셨다." (이사 25:6~9)

10

행복과 기쁨

요즘 주변에서는 행복해지는 방법에 대한 여러 이야기가 들립니다. 정치인들도 국가의 번영뿐만 아니라 국민의 행복을 말하기 시작했습니다. 심지어는 행복을 주제로 '좋은 삶'이 무엇인지를 규명하려는 연구 프로그램도 진행되고 있습니다. 인생에는 경제적 소득보다 더 중요한 것이 있음을 대다수 사람이 인정한다는 것, 개인이나 공동체의 성취나 안정과 무관하게 기업이 번성한다는 것이 얼마나 공허한지를 큰 소리로 말하는 사람들이 생겨난다는 것은 반가운 일입니다. 그러나 구체적으로 행복을 추구하려 하는 순간 문제는 복잡해집니다. 게다가 행복을 추구하려 하면 할수록 남의 시선을 더 의식하게 되는 경우가 부지기수입니다. 여러분 가운데 20년 전 방영했던 「닥터 후」Doctor Who 시리즈 중 '행복 순찰대'Happiness Patrol라는 에피소드를 기억하는 분이 계실지 모르겠습니다. 이 에피소드에서는 한 행성이 등장하는데, 그곳에서는 사람들이 불행을 느끼면 '중죄'로 처벌합니다. 이 때문에 블루스 음악가들은 지하 생활을 하고 있지요. 이 드라마를 몰라도 상관없습니다. 가족 나들이를 갔을 때를 생각해 보십시오. 모든 일정이 계획했던 바와 어긋나 실망스럽기 그지없는데 엄마와 아빠는 억지로 웃어 보이며 우리에게 "즐겁지? 그렇지?"라며 동의를 강요할 때가 있지 않았나요? 그럴 때 우리 기분은 즐겁기는커녕 끔찍하기만 합니다.

바로 여기에 함정이 있습니다. 가장 깊은 행복은 우리가 보고 있지 않을 때 슬그머니 다가오는 법입니다. 우리는 이를 되돌아보며 뒤늦게 말합니다. "그래, 그때가 행복했지." 이 행복을 우리는 다시 만들어낼 수 없습니다. 우리가 우리 자신을 사랑하는 것만으로는 별다른 성취감을 느낄 수 없듯 우리는 우리 자신을 위해 행복을 만들어내지 못합니다. 행복은 밖에서 옵니다. 우리가 맺고 있는 관계에서, 우리를 둘러싼 환경에서 우리는 행복함을 느낍니다. 예기치 못한 아름다움과 맞닥뜨렸을 때 우리는 행복을 느낍니다. 측정 가능하고 분별할 수 있는, 행복하게 해주는 프로그램 같은 것을 통해서는 행복을 느낄 수 없습니다. 자신이 삶에 만족하고 있는지, 불행하다고 생각하는지를 측정할 방법을 고안해 내고 사람들이 이러한 검사를 받는 것은 좋은 일입니다. 그러나 이러한 것들이 행복해질 확실한 방법을 제시하리라는 생각을 우리는 경계해야 합니다.

요한의 복음서가 그리는 부활 사건은 충격과 놀라움, 혼란으로 가득합니다. 이 이야기를 믿을 만한 이야기로 만들어주는 것 중 하나는 그 의외성입니다. 제자들은 빈 무덤을 보고 "이것 봐, 정말 그분이 말씀하신 그대로 이루어지지 않았나" 하고 말하지 않았습니다. 그들이 무덤을 찾아갈 때 그들은 그들의 주님이 정말로 죽음에서 돌아오리라고 믿지 않았습니다. 빈 무덤을 보고서야 그들은 모든 것이 가능한 새로운 세계를 가로막고 있던 것이 그들 자신이었음을 깨닫게 됩니다. 새로운 아침을 알리는 빛은 너무나도 밝아 예수의 익숙한 얼굴조차 알아볼 수 없게 합니다. 그런데 이어지는 이야기에서 성 요한은 근심하며 방에 모여 문을 걸어 잠근 제자들이 그들 가운데 예수께서 계심을 보고 "기뻐서 어쩔 줄을 몰랐다"고 말합니다(요한 20:20). 그들은 똑같은 일이 반복되는 평범한, 예측 가능한, 판에 박힌 생활에서 불현듯 벗어났습니다. 기쁨이 어떤 예고도 없이 그들 안에서 솟아났습니다. T.S. 엘리엇T.S. Eliot의 멋진 표현을 빌리면 "호랑이 그리스도"가 그들을 덮쳐왔기 때문입니다.*

빈 무덤이 발견된 후, 막달라 여자 마리아가 숨을 몰아쉬며 전달한 메시지를 받은 후 제자들은 어떤 시간을 보냈을까요? 분명 불확실한 시간, 절반의 희망과 절반의 두려움이 섞인 시간을 보냈을 것입니다. 당연히 여기던 것을 완전히 다시 생각하게 만드는 기적이 일어났을

---

* T.S.엘리엇의 시 「게론티온」Gerontion(1920) 에 나오는 표현.

때 마냥 기뻐할 수는 없으니 말이지요. 그런데 저 혼돈 속으로 한 인물이, C.S. 루이스C.S. Lewis의 가장 위대한 책 『우리가 얼굴을 찾을 때까지』 Till We Have Faces의 마지막에 나오는 표현을 빌리면 그 얼굴 앞에서 "모든 질문이 사라져 버리는" 분이 들어옵니다.* 그리고 그분과 함께, 거부할 수 없는 기쁨이 들이닥칩니다. 이분이 우리와 함께할 때 일어나는 반향을 대신할 수 있는 것은 세상 그 어디에도 없습니다.

이 이야기는 참된 행복, 진정한 행복에 관한 또 다른 진실을 우리에게 가르쳐 줍니다. 행복은 위협, 혹은 위험, 고통의 현실을 없애주지 않습니다. 행복은 그냥 거기에 있습니다. 행복은 이 세계에서 가장 잡기 어려운 것입니다. 잔혹 행위와 불의로 가득 찬 세상에서 어떻게 '행복'을 느낄 수 있을까요? 스스로 실패했음을, 자신이 얼마나 초라한지, 암울한지를 알고 있는데 어떻게 기쁨을 알 수 있단 말입니까? 이론상으로는 불가능합니다. 하지만 행복과 기쁨은 이론의 문제가 아닙니다. 행복과 기쁨은 그냥 그렇게 일어납니다. 극도로 좋지 않은 상황 가운데 있는 사람들이 이를 보여줍니다. 우리는 그러한 상황에 놓인 이들을 알고 있습니다. 파키스탄에서, 혹은 나이지리아 북부에서 온 갖 위협과 공격을 받고 있는 그리스도인들이 바로 그러합니다. 이른바 '자유롭고 공정한 선거'가 실시된 후에도 다양한 배경을 가진 일부 광신도들은 종교가 다르다는 이유로 그들을 위협하고 있습니다. 그들을

---

* C.S. Lewis, *Till We Have Faces* (London: Geoffrey Bles Ltd, 1956). 『우리가 얼굴을 찾을 때까지』(홍성사)

기억하고 그들을 위해 기도해 주십시오. 또한 콩고에 있는 국제구호단체 봉사자들, 부담은 크고 자원은 부족한 기관에서 일하는 간호사들, 교사들, 죽을병에 걸린 아이 곁을 밤새도록 지키는 간병인들이 있습니다. 놀랍게도, 이들은 때때로 인고의 시간 가운데서도 기쁨을 느낀다고 말합니다. 그럴 리도 없겠지만, 이때 기쁨은 생기발랄한 즐거움이 아닙니다. 자신을 둘러싼 상황이 실제로는 그리 나쁘지 않다고 애써 가장하는 것도 아닙니다. 이러한 상황에서 그리스도인들이 이런 모습을 보일 때면 많은 사람은 상황에 걸맞지 않은, 정직하지 못한 태도를 보인다며 힐난합니다. 암울한 비난입니다. 그러나 저는 이를 결코 인정할 수 없습니다. 이 기쁨은 우리가 있어야 할 곳에 있음으로써 나오는 경이로운 감각, 무언가 혹은 누군가와 조화를 이룰 수 있는 감각, 눈앞에 있는 현실, 공포로 가득 차 있고 비탄이 울려 퍼지는 현실을 정직하게 받아들여 이를 흐릿하거나 모호하게 만들지 않으면서도 그 현실에 뿌리내리고 이를 위해 필요한 것을 얻을 줄 아는 감각에서 나온 기쁨입니다.

이 기쁨은 순간적으로 일어나는 감정이 아닙니다. 남의 시선을 의식해 태연한 척하는 것이 아닙니다. 이러한 기쁨은 어떤 노력이나 정신력의 산물이 아닙니다. 우리는 이를 분명히 해야 합니다. 그리고 이 기쁨은 더 깊은 차원의 기쁨으로 우리를 인도합니다. 여기에 우리의 정신력이나 노력이 기여할 수 있다면, 그것은 우리 자신을 행복하게 만들기 위한 체제나 제도를 구축하는 것이 아니라 기꺼이 받으려는 습관을 들이는 것뿐입니다. 불안에 휩싸인 사람, 자기에게만 몰두하는 사람, 걱정과 허영심, 억울함에 함몰된 사람은 갑작스럽게 선물이 주어지는 순간에 자신을 내어주기 힘들 것입니다. 이와 같은 맥락에서 침묵과 묵상, 성찰에 오랜 시간을 보내는 이들은 얼굴에 기쁨이 어려 있습니다. 많은 이가 부활의 그 날 제자들이 그랬듯 기쁨을 향해 자신을 열게 되는 경험, 어수선한 내면이 순전한 힘과 새로운 무언가를 통해 거듭나는 경험을 하는 것도 같은 이치입니다. 이러한 맥락에서 부활 사건이 전하는 메시지는 어쩌면, 매우 단순합니다.

놀랄 준비를 하라.
불안과 허영심, 억울함을 치워 없애라.
새로운 세계의 가능성이 너희 안에서 펼쳐질 수 있게끔 자리를 비워두어라.

우리는 우리의 환상이 그리는 행복을 얻기 위해 분투해서는 안 됩니다. 우리가 해야 할 일은 우리를 불안하게 만드는 것에 도전하는 일입니다. 우리는 이 일에 집중해야 합니다. 대략 6주 전, 저는 맨체스터에 방문해 지역 교회와 그리스도교 단체들이 공동체를 재건하기 위해 하고 있는 일들을 살펴보았습니다. 그들은 지역 사람들이 '좋은 삶'에 대해 어떻게 생각하는지, 그들이 이에 어떻게 응하고 있는지를 말해주었습니다. 저는 점점 더 그들의 말에 귀 기울였습니다. 그들은 번지르르한 계획을 세우지 않았습니다. 그들은 다만 사람들의 외로움, 권태,

공포를 덜어주려 애쓰고 있었습니다. 양질의, 그리고 믿을 만한 (특히 젊은이들을 위한) 심리 상담 프로그램 운영, 맑은 공기가 있는 깨끗한 공간의 창출, 창조적인 활동을 할 수 있는 여건의 조성(채소를 기를 수 있는 공간, 시민극단의 운영)... 이쯤 되자 저는 이러한 활동이 벌어지고 있는 곳에서 공공 단체(지방자치단체 혹은 중앙정부)가 이 일을 얼마나 중요하게 여기는지를 묻지 않을 수 없었습니다. 그래서 저는 원래 일정에는 없었지만 재해를 입은 공영 주택단지에 있는 지역 도서관을 찾았습니다. 그곳에서는 활기 넘치는 청소년들이 직원들의 환대 아래 숙제를 하거나 책을 읽고 있었습니다. 그들은 웃고 떠들며 안정감을 느낄 수 있는 공간이 있음에 만족하는 듯했습니다. 공간, 기회, 우리가 살고 있는 이 세상이 얼마나 커다란지를 발견할 수 있게 해주는 시간. 이 모든 것에 집중해야 할 공적인 논의들은 지금 무엇을 말하고 있습니까? 무엇에 우선권을 두고 있습니까? 공공 단체들은 이러한 싹을 제거하고 미래에 대한 많은 희망을 좌절시키기 전에 이 점을 한 번 더 생각해야 합니다. 국가의 번영은 이러한 소박한 염원들(불안을 내려놓을 수 있는 공간에 대한 염원, 각자가 자신의 모습을 발견하도록 공급이 이루어지기를, 그렇게 상황이 바뀌어가기를 희망하는 염원)에 귀 기울이지 않는다면 아무런 의미가 없습니다.

궁극적으로 기쁨은 세계가 우리가 의심했던 것보다 더 큰 무엇임을, 그리하여 우리가 우리 자신이 스스로 의심했던 것보다 더 큰 무언가임을 깨닫는 것입니다. 부활의 기쁨은 그리스도교 신앙과 그리스도교적 상상력에서 특별한 위치를 차지합니다. 부활 사건은 우리가 생각하고 알고 있던 세상의 껍데기를 부수어, 모든 것을 이기는 자비와 고갈되지 않는 사랑이 법이 되는 새롭고 신비로운 영역을 우리에게 보여주기 때문입니다. 부활 사건은 현실의 참된 바탕, 기초를 이루는 무언가가 드러난 사건입니다. 그러니 부활의 기쁨은 순간적인 느낌이나 감정이 아닙니다. 이 기쁨은 그러한 것들에 결코 휘둘리지 않으며 우리 마음에 뿌리내려 다른 모든 것을 위한 기초로 남습니다. 그리스도인은 이 세계에 관한 특정 이론을 받아들인 사람이 아닙니다. 그리스도인은 예수의 부활이라는 사건을 통해 그 정체가 드러난 기쁨의 능력에 기대어 살아가는 사람입니다. 세례를 받아 그리스도 '안으로' 들어간다는 것은 이 기쁨과 영원히 연결되는 것, 우리가 지녀야 할 존재에 대한 감각이 언제나 흘러들어오는 통로를 선물 받는 것을 뜻합니다. 이기심과 두려움은 이전에는 이 통로를 막아섰고 여전히 그 잔해물들이 남아있을 수도 있습니다. 이를 없애기 위해서는 탁월한 사람이나 비범한 이야기와의 만남, 열정적인 사랑, 극심한 고통의 목격과 같은, 우리를 뒤흔들어 이른바 '정상적인' 습관에서 벗어나게 해주는 일들이 필요할 수도 있습니다. 할 수 있는 대로 침묵과 성찰의 시간을 마련하는 것은 통로를 원활하게 하는 데 보탬이 됩니다. 또한 우리는 우리를 둘러싼 사회적 환경을 어떻게 조성해야 다른 사람들, 특히 가난한 이들, 장애가 있는 이들, 그 밖의 다른 여러 불리한 조건 때문에 불안에 휩싸인 채 살아가는 이들도 이를 누릴 수 있을지 부단히 고민해야 합니다.

이 세상에 주어진 그리스도교의 기쁨, 곧 부활의 기쁨은 긴장과 고통, 혹은 낙심에서 벗어난 영구히 행복한 사회를 보장하지 않습니다. 그러나 부활의 기쁨은 아무것도 예측할 수 없는 세상에서 어떠한 일이 일어나든 간에 이 현실에는 더 깊은 차원이 있음을 확증합니다. 이 차원은 세계 안에 있는 또 다른 세계이며 사랑과 화해가 끊임없이 일어나는 세계입니다. 이 세계와 연결됨으로써 우리는 정직하고 용기 있게 끊임없이 다가오는 도전들에 응하며 살아갈 수 있습니다. 첫 부활의 아침, "땅속 깊은 곳에서 큰 샘들이 모두" 터져 열렸습니다(창세 7:11). 이제 우리는 빈 무덤을 찾은 베드로와 요한처럼 어둠 속을 잠시 들여다봅니다. 세계가 뒤바뀌었습니다. 기쁨이 가능해졌습니다.

하느님께서는 천지를 창조하시기 전에 그리스도를 구세주로 미리 정하셨고 이 마지막 때에 여러분을 위해서 그분을 세상에 나타나게 하셨습니다. 여러분은 바로 이 그리스도로 말미암아 그분을 죽은 자들 가운데서 살리시고 그분에게 영광을 주신 하느님을 믿고 하느님께 희망을 두게 되었습니다. 여러분은 진리에 복종함으로써 마음이 깨끗해져서 꾸밈없이 형제를 사랑할 수 있게 되었으니 충심으로 열렬히 서로 사랑하십시오. 여러분은 새로 난 사람들입니다. 그것도 썩어 없어질 씨앗에서 난 것이 아니라 썩지 않을 씨앗 곧 영원히 살아 계시는 하느님의 말씀을 통해서 났습니다. "모든 인간은 풀과 같고 인간의 영광은 풀의 꽃과 같다. 풀은 마르고 꽃은 떨어지지만 주님의 말씀은 영원히 살아 있다." 여러분에게 전해진 복음이 바로 이 말씀입니다. (1베드 1:20~25)

11

그것이 진리입니까?

베드로는 이렇게 말을 시작하였다. "나는 하느님께서 사람을 차별대우하지 않으시고 당신을 두려워하며 올바르게 사는 사람이면 어느 나라 사람이든지 다 받아주신다는 사실을 깨달았습니다. 하느님께서는 이스라엘 백성에게 당신의 말씀을 전해 주셨는데 그것은 만민의 주 예수 그리스도를 시켜 선포하신 평화의 복음입니다. 이것은 여러분도 알다시피 요한이 세례를 선포한 이래 갈릴래아에서 비롯하여 온 유다 지방에 걸쳐서 일어났던 나자렛 예수에 관한 일들입니다. 하느님께서는 그분에게 성령과 능력을 부어주시고 그분과 함께 계셨습니다. 그래서 그분은 두루 다니시며 좋은 일을 해주시고 악마에게 짓눌린 사람들을 모두 고쳐주셨습니다. 우리는 예수께서 유다 지방과 예루살렘에서 행하신 모든 일을 목격한 사람입니다. 사람들이 그분을 십자가에 달아 죽였지만 하느님께서는 그분을 사흘 만에 다시 살리시고 우리에게 나타나게 하셨습니다. 그분은 모든 사람에게 나타나신 것이 아니라 하느님께서 증인으로 미리 택하신 우리에게 나타나셨습니다. 그분이 죽었다가 다시 살아나신 뒤에 우리는 그분과 함께 먹기도 하고 마시기도 하였습니다. 그분은 우리에게 하느님께서 자기를 산 이들과 죽은 이들의 심판자로 정하셨다는 것을 사람들에게 선포하고 증언하라고 분부하셨습니다. 모든 예언자들도 이 예수를 믿는 사람은 누구든지 그분의 이름으로 죄를 용서받을 수 있다고 증언하였습니다."

(사도 10:34~43)

한동안 우리 사회에서는 종교적인 믿음에 대한 강도 높은 비판들이 이어졌습니다. 세간의 이목을 끄는 비판이 어찌나 많았는지 나중에는 별다른 감흥이 없을 정도였지요. 우리는 조금이라도 과잉 반응을 줄이고 좀 더 양식 있는 논의를 하기 위해 노력을 기울이며 이 기간을 보냈습니다. 이제는 조금씩, 정말 조금씩이기는 하나 분위기가 바뀌고 있다는 징후가 보입니다. 사람들이 모두 교회로 돌아오지는 않겠지만, 적어도 그리스도교가 모든 점에서 지탄받아서는 안 된다고, 우리의 일상에 긍정적인 기여를 했으며 지금도 하고 있다는 인식을 향해 많은 사람이 돌아서고 있습니다.

최근 경제 위기를 다룬 두 권의 책이 출간되었습니다. 한 권은 미국 학자인 마이클 샌델Michael Sandel의 저작이고, 다른 하나는 로버트 스키델스키Robert Skidelsky와 에드워드 스키델스키Edward Skidelsky가 함께 쓴 저

작입니다.* 두 책은 모두 놀랍게도 종교적인 사고의 영향이 없었다면 터무니없고 파괴적인 경제를 억제할 수 없었을 것이라는 생각을 제시합니다. 그리고 알랭 드 보통Alain de Botton의 근작은 종교에 대한 당혹스러운 믿음 없이도 종교의 좋은 점을 지키는 방법에 관해 이야기해 상당한 파문을 일으켰습니다.**

그는 종교의 회복과 부흥을 이야기하지는 않지만, 진지한 자유주의 논평가들도 신앙에 대해 달리 생각해볼 수 있는 여지는 충분하다고 주장합니다. 종교는 인간의 이성을 마비시키고 억압하는 적이 아니라 잠재적인 동맹군, 갈수록 광기를 더해가는 제한 없는 경제 성장과 개인의 소유만을 강조하며 사회적 일관성, 국제 정의, 현실주의 같은 모든 주장을 압도하고 있는 인간 활동과 사회 체제에 함께 도전하는 동맹군이라는 것이지요.

오늘날 젊은이들이 주의 기도Lord's Prayer를 거의 알지 못한다는 매체의 소식에 적지 않은 그리스도교인은 근심하며 염려를 표할지도 모르겠습니다. 하지만 청소년들이 (통계상 이들은 대부분 교회에 다니지 않게 될 것 같습니다만) 샌델, 스키델스키, 알랭 드 보통처럼 신앙에 별다른 적대감을 느끼지 않는다는 보고 또한 많습니다. 그들이 종교에 관해 배

---

* 『돈으로 살 수 없는 것들』What Money Can't Buy: The Moral Limits of Markets과 『얼마나 있어야 충분한가?』How much is enough?를 가리킨다. 『돈으로 살 수 없는 것들』(와이즈베리), 『얼마나 있어야 충분한가?』(부키)

** 『무신론자를 위한 종교』Religion for Atheists (2011)를 가리킨다. 『무신론자를 위한 종교』(청미래)

울 기회가 있다면, 그리하여 누군가에게 신뢰할 만하고 진지하게 받아들일 수 있는 무언가가 있다는 내용을 접한다면 말입니다. 이는 중등학교에서 이루어지는 종교 교육이 얼마나 중요하고, 얼마나 전문적인 기술을 필요로 하는지를 보여주는 예이기도 합니다. 이것이 무너지고 있는 비극적인 현실에 관해서도 이야기해 볼 필요가 있습니다만 이건 또 다른 기회에 나누도록 하겠습니다.

상황이 무의미한 교착 상태에서 일정한 진전을 보인다는 점은 참으로 감사할 일입니다. 그러나 이 모든 것을 인정하고, 그리스도교인들이 다소 안도감을 느낀다 해도 부활은 또 다른 물음, 불편하고 피할 수 없는 물음을 던집니다. '종교'는 어떤 현인의 사상과 행적에 바탕을 둔 과거의 유산 그 이상의 것이며 오늘날에도 유용할까요? 과연 이러한 생각은 진리입니까? 부활 이야기는 일련의 인간 활동의 가능성을 드러내는 이야기일 뿐 아니라 역사에서 일어난 한 사건, 그 사건과 하느님의 활동의 관계에 관한 이야기입니다. 사도행전에서 성 베드로는 말합니다.

> 하느님께서는 그분을 사흘 만에 다시 살리시고
> 우리에게 나타나게 하셨습니다.

베드로는 예수께서 "죽음을 모면하시고 살아남으셨다"고 말하지 않습니다. 빈 무덤 이야기는 모든 사람에게 영감을 주는 아름답고 상상력 넘치는 창작물이 아닙니다. 우리가 들은 메시지는 예수께서 계속 생존해 계신다는 이야기도 아닙니다. 부활 이야기는 하느님께서 무언가를 하셨음을, 이와 관련해 베드로와 요한과 막달라 여자 마리아가 부활의 아침 무언가를 겪었음을, 이 모든 것이 인간의 기록에 담겨 있음을 전합니다. 부활은, 20세기 로마 가톨릭 저술가 로널드 녹스Ronald Knox의 표현을 빌리면 "벽이 창이 되는 순간"을 전합니다. 부활 사건을 통해 우리는 만물 너머에, 그리고 만물 안에 있는 궁극적인 힘을 꿰뚫어 봅니다. 하느님께서는 당신의 뜻을 따라 활동하심으로써 이 세계를 창조하셨고 그 뜻과 활동을 이어가심으로써 이 세계가 매 순간 존재하고 유지되도록 하십니다. 또한 하느님께서는 기원후 33년 어느 일요일 아침 일어난 사건을 통해 태초에 당신께서 이 세계가 그 날을 통해 만물의 질서를 완성하고 이전에 없던 가능성이 열리도록 의도하셨음을 드러내셨습니다. 그 가능성이란 예수를 위한, 그리고 그와 함께하는 모든 이를 위한 가능성, 하느님의 성령이 당신을 쏟아부어 주심으로써 우리 사이에 화해를 이루어내는 가능성, 이제껏 상상해 보지 못한 사랑이 펼쳐지게 되는 가능성을 말합니다.

부활은 화해를 이룬 사랑의 사건입니다. 인간의 모든 운명이 이 사건에 담겨 있습니다. 그리스도인은 이 사건에 기대어 그리스도교 밖에 있는 이들을 초대합니다. 그리스도인은 이 사건에 기대어 종교가 사회 질서에 해를 끼치지 않으며 부적절하지 않음을 설득합니다. 강조할 점은 그리스도인이 이 모든 것을 할 수 있는 이유는 이들이 하느님께서 예수를 다시 살리셨다는 근본적인 사실을, 이 강렬한 비전을 신뢰하기 때문이라는 것입니다. 부활은 특별한 영적 감수성을 가진 사도들에게서 나온 관념이 아닙니다. 그들은 우리처럼 끔찍할 정도로 어리석었고 평범하기 그지없던 사람들이었습니다. 그럼에도 그들이 부활을 증언한 이유는 무언가 충격적인 새로움이 일어났음을 보았고, 겪었기 때문입니다. 그들은 그 사건이 우리 모두를 위한 사건임을 알았고 동시에 우리가 일으킬 수 없는 사건임을 알았습니다.

그렇다면 우리는 이것이 진리임을 어떻게 알 수 있을까요? 과학적 증거와도 같이 결정적인 한 방을 통해서는 알 수 없습니다. 한 사람의 삶 전체를 다룬 긴 이야기가, 이를 신뢰하는 공동체의 삶이라는 더 긴 이야기가 우리 안에서 살아 움직임으로써 우리는 부활의 메시지가 진리임을 알아갑니다. 결국 부활이 진리임을 깨닫게 하고 익히게 하는 것은 그 진리를 살아내는 (위험을 감수하는) 삶, 벽이 창이 되는 순간의 가장자리에서 삶을 일구고 있는 사람들입니다. 이들의 삶에 경의를 표하며, 이들의 삶을 동경하며, 이들이 가리키는 바를 바라보며 우리는 그리스도교 신앙을 경계하는 이들, 그리스도교 신앙을 유용성이라는 측면에서만 바라보는 이들에게 이렇게 말해야 합니다.

> 당신이 그리스도교 신앙을 먼발치에서 바라본다면 아무것도 배울 수 없습니다. 어느 순간 당신은 결단해야 합니다. 당신이 그 안에 머물러, 이와 함께 살 것인지, 아닌지를 말이지요.

이러한 삶은 어떠한 차이를 만들어냅니까? 하느님께서 존재하시고 활동하신다면, 그분의 뜻과 그분의 활동이 예수를 죽음에서 일으켰다면 이 세계의 미래는 우리 인류의 생각과 행동에만 달려 있지 않음을 알 수 있습니다. 물론 우리는 할 수 있는 모든 것을 다해야 합니다. 우리는 모든 지식과 힘을 쏟아부어 화해와 정의를 위해 분투해야 합니다. 그러나 화해와 정의가 이뤄진 미래는 오로지 우리에게 달려 있지 않습니다. 물론, 이는 우리의 책임을 소홀히 하거나, 우리를 뒤로 물러나 앉게 할 핑곗거리가 되지 않습니다. 언젠가 파스칼Blaise Pascal이 말했듯 예수께서 고통 속에 계시는데 우리가 잠들어 있을 수는 없습니다.*

이 세계에서 거듭 일어나는 고통들은 저 괴로움의 상像입니다. 그러나 모든 것이 우리에게 전적으로 달려 있지 않음을 믿는 것은 우리를 두 가지 치명적인 유혹에 빠지지 않게 해줍니다. 첫 번째 유혹은 우리가 무언가를 해야 한다는, 무엇이든 해야 한다는 유혹입니다. 이 세계에 눈에 띄는 어떤 변화도 일어나지 않음을 견딜 수 없을 때 우리는 곧잘 이러한 유혹에 빠집니다. 그러나 행동을 위한 행동은 헛되거나 아무런 행동도 하지 않는 것보다 더 나쁜 결과를 만들어낼 수 있습니다. 두 번째 유혹은 우리가 충분히 해내지 못했다는 자책감에서 나오는 불안입니다. 이 유혹에 빠지면 우리는 불안에 함몰된 나머지 우리를 우리 되게 하시려고 하느님께서 주시는 사랑, 은총, 아름다움에 감

---

* Blaise Pascal, *Pensees*, (Harmondsworth: Penguin books, 1966), p.313. 『팡세』(서울대학교출판문화원)

사드리는 시간을 잃게 됩니다. 또한 이러한 유혹에 빠지면 우리가 정의와 화해를 볼품없는 것으로 만들어 버렸다는 생각, 무언가를 완수하지 않은 채로 내버려 두고 있다는 생각에 또 다른 공포와 광적인 모습에 휘둘릴 수 있습니다. 이렇게 되면 작은 기쁨의 순간들, 친절과 헌신이 거두는 작은 승리에 하느님께 감사할 수 있는 은총과 자유를 얻지 못합니다.

모든 것이 우리에게 전적으로 달려 있지 않음을 믿는 것은 오늘날 상황에서 가장 해결하기 어려운 문제들을 떠올려 보면 좀 더 중요한 의미를 갖습니다. 지금 이 순간, 예수의 기억에 늘 머물러 있던 땅, 그분이 십자가에 못 박히신 도시를 생각합니다. 최근 몇 달 동안 우리는, 다시 한번 옴짝달싹 못 하고 비틀거리며, 희망의 표징을 간절히 바라는 이들에게 거의 아무것도 내놓지 못하는 이스라엘과 팔레스타인의 회담 국면을 보았습니다. 모든 것이 원점으로 돌아간 듯한 상황을 지켜보며, 이스라엘과 팔레스타인 공동체 모두를 사랑하고 그들의 안전을 고대했던 이들은 그 어느 때보다 절망스러울 것입니다. 예루살렘에 있는 홀로코스트 기념관 야드 바솀Yad Vashem에 방문하고서도 이스라엘이라는 국가의 존재 이유에 공감하지 않을 사람은 없습니다. 마찬가지로 팔레스타인 국경검문소를 한 번이라도 방문한다면 모든 팔레스타인 사람이 겪고 있는 고통과 굴욕을 정당화할 수 있는 것은 세상 어디에도 없음을, 이스라엘의 안전을 위해 치러야 할 대가일 수 없음을 확신하게 될 것입니다. 테러를 당해 산산조각이 난 신체 부위를 수습하며 느끼는 감정을 토로하는 랍비의 말에 가슴이 먹먹해지지 않을 사람은 없습니다. 눈앞에서 부모나 자식이 박격포에 의해 한순간에 사라지는 모습을 본 팔레스타인 사람의 말을 들을 때도 마찬가지입니다.

그렇다면 우리는 여기에 어떻게 응답해야 할까요? 한쪽 편을 더 공고하게 손들어줘야 할까요? 최악의 상황만큼은 피했다고 둘러댈 새로운 외교 정책을 수립해야 할까요? 하느님께서 활동하고 계심을 믿는다면 우리는 이를 넘어서야 합니다. 우리는 가능한 한 모든 힘을 기울여 이스라엘과 팔레스타인 땅에서 활동하고 계시는 하느님을 신뢰하는 이들을 지원해야 합니다. '하나의 목소리'One Voice나 '사별한 가족들의 모임'Bereaved Families Forum과 같은 관계망을 활용해 양쪽에서 사람들을 모아 서로 공감대를 이루고 서로를 위해 헌신할 수 있게끔 힘을 기울여야 합니다. 스티븐 체리Stephen Cherry가 용서에 관한 그의 탁월한 책에서 말했던 "내키지 않는 공감", 모르는 게 나았다고 생각하는 타인이나 적을 측은히 여기는 마음이 생길 수 있도록, 서로에 대한 앎과 친절을 베푸는 순간들이 서서히 퍼져나가도록 노력해야 합니다.* 이를 끊임없이 촉구하고 소리를 내며 이러한 활동을 벌이고 있는 이들을 격려해야 합니다. 성지에 있는 모든 종교 지도자가 지금 여기에서 활동하시는 한 분 하느님을 신뢰하기를, 그분께서는 한쪽에서 보이는 현실만을 지지하지 않으심을 신뢰하기를 기도해야 합니다. 또한 평화와 정의

---

* Stephen Cherry, *Healing Agony: Re-imagining Forgiveness* (London: Continuum, 2012)

에 주린 모든 이를 위해 지혜와 능력과 인내를 하느님께 간구해야 합니다. 모든 이가 진실로 서로를 나누는 미래를 고대하도록 기도해야 합니다. 우리 그리스도교인들은 '성지의 친구들'Friends of the Holy Land이나 '예루살렘과 중동 지역 교회 연합'Jerusalem and Middle East Church Assiociation을 통해 그곳에 있는 형제자매들을 실질적으로 도울 방법을 찾아야 합니다. 점점 더 자신들을 적대시하는 환경에 놓여있지만, 그들은 그곳을 떠나지 않습니다. 하느님께서 지금 그곳에서 활동하고 계심을 신뢰하며, 진실로 서로 나누는 상상치도 못한 미래를 만드는 데 자신에게 주어진 책무를 온전히 맡으려 하기 때문입니다. 이들을 돕는 것, 많은 이가 '거룩하신 분의 땅'이라고 부르는 곳에 대한 관심을 불러일으키는 것은 모든 그리스도교 지도자가 이 부활의 날에 해야 할 최우선 과제입니다.

물론 이스라엘과 팔레스타인의 상황은 세계 곳곳의 여러 심각한 문제 중 하나입니다. 오늘, 희망을 말하는 가장 중요한 순간인 부활절에도 이러한 상황들을 우리 마음과 머리에서 완전히 치워버릴 수는 없습니다. 이러한 상황들은 너무나도 손쉽게 우리를 절망으로 이끕니다. 지나친 행동주의와 초점이 불분명한 분노에서 나오는 절망까지 포함해서 말이지요. 예수를 죽음에서 일으키신 하느님에 대한 믿음이 우리가 해야 할 일을 하지 않게 하는 구실이 되어서는 안 됩니다. 오히려 우리는 생각과 행동을 통해 하느님께서 미래를 창조하시는 하느님이심을 드러낼 수 있는 자리를 마련해야 합니다. 누군가 말했습니다. 부활은 결코 계획을 세워 도모할 수 있는 것이 아니라고. 분명, 그렇습니다. 그러나 우리는 저 하느님의 활동이 일어날 공간을, 여백을 만들 수는 있습니다. 종교의 사회적 가치가 다시금 인정받는다 해도 우리는 우리가 궁극적으로 이야기해야 할 것이 종교가 아니라 하느님임을, 예수를 살리신 하느님, 성 바울로가 되풀이해 말했듯 그분과 함께 우리도 일으키실 하느님임을 잊어서는 안 됩니다. 심지어 모든 비평가가 교회에 대해 찬사를 보낸다 할지라도 (그렇게 되면 숨죽인 채 있지 않아도 되겠지만 말이지요) 우리가 해야 할 말이 있다는 것은 변치 않습니다.

그렇게 봐 주시니 감사합니다. 하지만 우리가 이 사회에 쓸모 있다거나 친절한 사람들이라는 건 그다지 중요하지 않습니다. 중요한 것은 하느님, 곧 이루어갈 목적을 갖고 계시며 지금 여기에서 활동하시는 분이 계신다는 것입니다. 우리의 모든 수단을 다해 기울인 노력이 끝장나더라도, 그 모든 것이 허사로 돌아갈지라도 그분은 활동하시며 당신의 뜻을 이루어 나가십니다. 지금은 벽이 창이 될 때입니다.

주여, 이제는 당신이 왜 대답하지 않으셨는지 압니다. 당신 자신이 대답이시기 때문입니다. 모든 질문은 당신의 얼굴 앞에서 사라져 버립니다. 다른 무슨 대답을 들은들 만족하겠습니까? 다 말, 말뿐입니다. 다른 말들과 싸우기 위해 끌어내는 말. 오랫동안 저는 당신을 미워했고, 오랫동안 당신을 두려워했습니다. 이제는 …

- C.S. 루이스, 『우리가 얼굴을 찾을 때까지』 中

삶을 선택하라
— 성육신과 부활에 관한 설교

초판 1쇄 | 2017년 12월 25일
2쇄 | 2022년 11월 15일

지은이 | 로완 윌리엄스
옮긴이 | 민경찬 · 손승우

발행처 | 비아
발행인 | 이길호
편집인 | 이현은
편 집 | 민경찬
검 토 | 양지우 · 여임동 · 박용희
제 작 | 김진식 · 김진현 · 이난영
재 무 | 강상원 · 이남구 · 김규리
마케팅 | 유병준 · 김미성
디자인 | 손승우

출판등록 | 2020년 7월 14일 제2020-000187호
주 소 | 서울시 강남구 봉은사로 442 75th Avenue 빌딩 7층
주문전화 | 010-3210-7834
팩 스 | 02-395-0251
이메일 | viapublisher@gmail.com

ISBN | 978-89-286-3910-6 (04230)
       978-89-286-3073-8 (세트)
저작권 ⓒ 2017 ㈜타임교육C&P

* 값은 뒤표지에 있습니다. 잘못된 책은 구입하신 곳에서 바꾸어 드립니다.
* 비아는 ㈜타임교육C&P의 단행본 출판 브랜드입니다.